AF410976

SOCIÉTÉ DES INGÉNIEURS CIVILS DE FRANCE

FONDÉE LE 4 MARS 1848

Reconnue d'utilité publique par décret du 22 décembre 1860

19, rue Blanche, PARIS

TUNNEL SOUS-MARIN

ENTRE

LA FRANCE ET L'ANGLETERRE

PAR

M. A. MOUTIER

EXTRAIT DES MÉMOIRES DE LA SOCIÉTÉ DES INGÉNIEURS CIVILS DE FRANCE

(Bulletin de juillet-septembre 1916)

PARIS

19, rue Blanche, 19

1916

TUNNEL SOUS-MARIN

ENTRE

LA FRANCE ET L'ANGLETERRE [1]

PAR

M. A. MOUTIER

La question du tunnel sous-marin entre la France et l'Angleterre est déjà assez ancienne, attendu qu'elle date du commencement du siècle dernier.

Pourtant, mise au point depuis longtemps déjà, et faisant l'objet d'une concession régulière et définitive en France, elle n'est jamais devenue, devant l'expectative anglaise, ni vétuste, ni surannée; bien au contraire c'est toujours avec l'air rayonnant d'une nouvelle vigueur qu'elle rentre dans l'actualité chaque fois qu'un fait nouveau se produit, qui tend à resserrer encore l'amitié et les intérêts franco-anglais.

Les événements actuels où l'Angleterre envoie ses armées sur notre territoire soutenir, contre l'ennemi commun, l'héroïque combat pour la justice et la liberté, en soulignent particulièrement l'importance.

Ces troupes anglaises, leurs ravitaillements continuels qui sont convoyés par les puissantes marines alliées, auraient pu passer le détroit rapidement et économiquement sans que le moins du monde on ait eu à se préoccuper des sous-marins ennemis : c'était la libération d'une grande partie de la flotte de guerre qui joue son rôle de gendarmerie maritime avec tant de zèle et de succès; c'était rendre à la marine marchande une grande partie des unités dont elle aurait tant besoin — les avantages eussent été incalculables.

Et demain, quand, après la victoire, l'expansion commerciale

---

(1) Voir procès-verbal de la séance du 23 juin 1916, page 123.

reprenant de part et d'autre toute son activité, les Alliés auront à faire bloc pour le maintien de leur suprématie si chèrement achetée, mais si fermement établie dans le domaine économique, le rôle du nouveau tunnel acquerra une importance primordiale : il sera comme le robinet régulateur des échanges internationaux anglais, belges, italiens, français, etc., au gré des deux pouvoirs qui en tiendront chacun une clé, son usage dépendant des deux volontés, sorte de soupape donnant toutes garanties de part et d'autre, bien qu'on ne puisse songer un seul instant à une fissure quelconque dans les liens indissolubles contractés par la camaraderie des armes en pleine lutte héroïque, dans maints champs de bataille, sur terre, sur mer, en Europe, en Asie, en Afrique et même par l'au-delà des mers lointaines.

———

Dans les nombreuses études publiées par M. A. Sartiaux et, tout récemment, dans la *Revue des Deux Mondes* du 1er octobre 1913, nous trouvons l'historique des divers projets plus ou moins réalisables étudiés pour la traversée du détroit.

Dès la paix d'Amiens en 1802, l'ingénieur Mathieu présentait au général Bonaparte, et au su des représentants de Sa Majesté britannique, un projet de passage sous le détroit, d'une « route de poste constamment éclairée ». Le ministre anglais Fox alors de s'écrier, dans l'atmosphère de l'enthousiasme qui avait gagné les masses dirigeantes : « L'union de l'Angleterre et de la France devra régir le monde. »

N'était-ce pas une prophétie ?

A vrai dire, si Mathieu a semé l'excellente idée qui a germé depuis, son projet de réalisation n'avait aucune consistance et il a disparu après avoir été exposé pendant quelques années : le géologue Cordier, professeur au Muséum, est peut-être le seul, pour en avoir connu les détails, qui ait été en mesure ultérieurement d'en retracer de mémoire les grandes lignes.

Faut-il citer aussi ceux qui n'ont fait qu'effleurer la question, faute de connaissances suffisantes du sol sous-marin, tels : le docteur Payerne, MM. Franchot et Tessié, M. Favre, directeur du Moniteur des Connaissances usuelles et physiques, M. Ernest Mayer, M. S. Dunn, auteur d'un projet de tunnel sous l'eau par tubes télescopiques ?

En fait, ce n'est qu'un demi-siècle plus tard que le véritable initiateur du tunnel, l'ingénieur Thomé de Gamond, membre de notre Société, a fait faire un grand pas à la question par un projet qui avait vivement frappé l'attention et qui fut présenté à l'empereur Napoléon III.

C'est à l'École du Water-Staat en Hollande, École alors célèbre entre toutes et fermée à tout étranger, que Thomé de Gamond, par une faveur exceptionnelle de Guillaume Ier, prit tous ses grades dans les sections Médicale, du Droit, du Génie militaire et du Génie civil. Le roi des Pays-Bas payait là une dette de reconnaissance à l'oncle du jeune étudiant, le comte Antoine Thibaudeau, ancien conventionnel et alors conseiller d'État qui l'avait aidé et protégé à Paris au cours des guerres de la Révolution où, sous le nom de comte de Dietz, il était venu liquider ses indemnités.

Rentré en France, Thomé de Gamond mit à profit la période où les sentiments d'hostilité nés au cours des guerres précédentes avec l'Angleterre n'étaient pas encore apaisés pour s'adonner avec une énergie indomptable aux minutieuses et longues recherches géologiques qui devaient lui permettre d'établir le tracé du tunnel sous le détroit. Il entrevoyait cette réalisation comme un égal bienfait de part et d'autre, et même comme une impérieuse nécessité, à l'heure prochaine de la réconciliation inévitable et durable.

C'est bien ici même, disons chez lui, qu'il convient de passer en revue l'œuvre admirable de notre illustre collègue qui y a consacré tout son temps et toute sa fortune.

Études et recherches de Thomé de Gamond.

C'est en 1833 que Thomé de Gamond fit sa première campagne hydrographique dans le détroit, deux ans avant les sondages de Beautemps-Beaupré.

Son premier projet de traversée du Pas-de-Calais, qui date de 1834, consistait dans l'immersion au fond de la mer entre Douvres et Calais (39 km,400) d'un tube en tôle, par sections destinées à recevoir un muraillement intérieur de maçonnerie, projet bien vite abandonné, le nivellement du sol très inégal de

la mer étant un obstacle insurmontable à toute exécution. C'était d'ailleurs un demi-milliard à mettre au fond de la mer.

En 1836, après avoir eu un moment l'idée de réaliser son premier projet au moyen d'un bouclier hydrographique cheminant sur le fond vaseux, il envisage un deuxième projet *(fig. 1 et 2, Pl. 1)* consistant en un pont sur le détroit entre Ness Corner Point et Calais (35 km, 875). Il proposait cinq genres de ponts : en fer forgé, en fonte ajustée, tablier plein, tablier tubulaire et enfin celui qui fut le plus étudié, le pont avec piles en granit et arches en syénite de la Manche.

Cette fois, il eût fallu engager une dépense de quatre milliards manifestement prohibitive, ce qui dispense d'envisager les difficultés, pour ne pas dire les impossibilités d'exécution, l'énormité des frais d'entretien et les risques d'exploitation, la gêne pour la navigation qui aurait certainement amené l'intervention d'un grand nombre de nations, entraînant ainsi un contrôle mondial pour l'œuvre franco-anglaise projetée.

Est-ce le dépit d'avoir travaillé ainsi pour rien qui a fait dire à Thomé de Gamond :

« En laissant de côté les conditions techniques fondamentales,
» la présentation d'un projet de pont peut être faite par le pre-
» mier venu, fût-il même dépourvu de toute notion scientifique.
» Il suffit de prendre un rouleau de papier, un bâton d'encre
» de Chine, quelques couleurs à effet, puis de charger un des-
» sinateur de faire un projet de fantaisie, et le pont est fait. Au
» moyen de ce faible effort on parvient à faire parler de soi dans
» quelques journaux et à lever de l'argent sur la crédulité
» publique. C'est ainsi que le pont sur la Manche a pu devenir
» quelquefois productif à certains industriels... auxquels il n'a
» coûté qu'un peu d'encre et de papier. »

En 1837, il étudie un troisième projet *(fig. 1 et 2, Pl. 1)* consistant en un bac flottant entre deux longues jetées de 8 km chacune de Ness-Corner Point au Cap Blanc Nez (33 km, 870). Ce n'était que le raccourcissement de moitié du détroit avec des ports en pleine mer et l'obligation du transbordement.

En ce qui concerne le bac flottant, Thomé de Gamond avoue lui-même que « ce flotteur affectait des dimensions considérables en longueur et en largeur et, par cela même, prenait un très faible enfoncement. C'était un plan spacieux, participant du radeau, une véritable île flottante. Les conditions d'équilibre paraissaient satisfaisantes d'abord, par suite de la position du métacentre qui se trouvait rapproché de la surface de la mer, dans le plan même de la ligne de flottaison. Mais l'amplitude verticale des oscillations croissait comme l'allongement des bras du levier sur l'axe du bau et devait produire dans les gros temps, sous l'action constante des lames de propagation, un effroyable mouvement de roulis inconnu sur les navires ordinaires. »

Les ferry-boats qui procèdent de la même idée ont bien vu le jour ensuite sur les grands lacs américains et même dans la Baltique, mais dans des conditions, à vrai dire, où on n'avait pas à vaincre, pour l'embarquement et le débarquement des trains, des difficultés inhérentes à une amplitude considérable des marées : cette amplitude, qui dépasse 7 m dans le Pas-de-Calais, aurait nécessité l'installation de plans inclinés, difficilement raccordables aux voies ferrées et combinés avec des ascenseurs dont le débit eût été forcément faible.

Bref, ce projet de bac flottant qui était évalué à 230 millions n'eut pour ainsi dire aucun partisan parmi les Ingénieurs des deux pays.

Thomé de Gamond passa les deux années qui suivirent en explorations dans le détroit, en vue de constater la nature du terrain et d'étudier le passage d'une voie souterraine. Mais tout d'abord, faute de renseignements suffisants, il se borna à constater sans pouvoir en déterminer la raison une discordance anticlinale dans les couches étudiées qui lui laissa quelques craintes touchant à l'existence d'une faille dans le détroit, alors qu'en réalité, comme on l'a constaté plus tard, ce n'était qu'une arcure prononcée des couches continues.

En 1840, Thomé de Gamond, dans l'incertitude où il se trouve encore de la nature et de la direction des terrains submergés du détroit, imagine *(fig. 1 et 2, Pl. 1)* le rétablissement pur et simple de Douvres au Cap Gris Nez (33 km, 400), par un enrochement de 100 m de largeur au sommet, de l'ancien isthme qui reliait dans les temps les plus reculés l'Angleterre au Continent, ainsi qu'en font foi les travaux des géologues qui ont prouvé que les animaux de l'époque quaternaire ont passé du Continent sur la presqu'île anglaise.

Cet isthme qui a pris naissance à l'époque lutétienne a atteint son développement à la fin de l'époque miocénique *(fig. 1)*.

Trois larges passes également distantes étaient prévues par Thomé de Gamond dans son projet de l'isthme reconstitué, mais cela n'a pas paru suffisant aux marins.

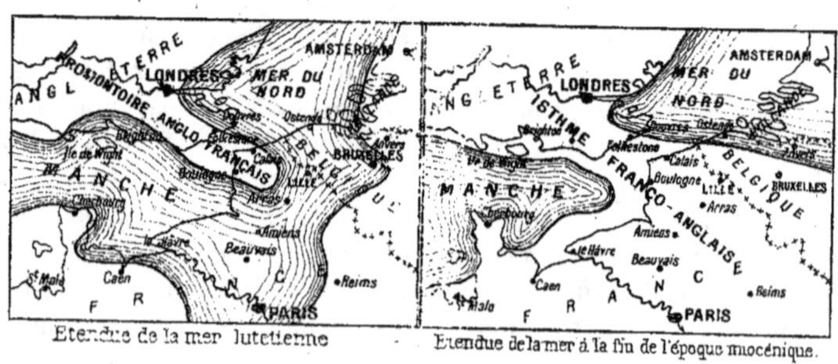

Fig. 1.

Ce projet qui coûtait 840 millions n'aurait d'ailleurs pas soutenu, à l'heure actuelle, le moindre examen des Ingénieurs de chemins de fer qui ont connu les sujétions des ponts tournants dans des conditions où les passages des navires étaient incomparablement moindres et la circulation par fer moins intense que celle sur laquelle on doit compter pour la traversée du détroit.

C'est alors que Thomé de Gamond en revient à la voie souterraine et il étudie, à partir de 1844, son cinquième projet *(fig. 1, 2, 3, 4, 5 et 6, Pl. 1)* comportant un tunnel dont il a essayé de déterminer le tracé d'Eastware Point au Cap Gris Nez (34 km) après des explorations au plus profond de la mer, effectuées en 1842 et 1844 avec un courage indomptable et souvent au péril de sa vie.

La sonde et la lance, mouillées à des profondeurs de 30 m dans les endroits de la vase noire des hydrographes, ne lui rapportaient que des empreintes d'une terre bleuâtre qu'à son aspect savonneux il reconnaissait pour une argile. Il résolut alors d'aller cueillir lui-même des échantillons et fit ses premières tentatives dans l'appareil de plongeur de Siebe ; mais en raison de l'imperfection de ce dispositif qui n'avait pas alors reçu les transformations aujourd'hui connues il ne put, pris de syncope en arrivant au fond de la mer, accomplir son projet. Il ne perdit cependant pas courage et obstiné dans son ardeur à détacher un lambeau de cette terre sous-marine, comme il l'a écrit lui-même, il se décida alors à plonger, nu, jusqu'au fond du chenal. Descendu ainsi une première fois la tête en bas sans pouvoir se retourner et ensuite avec les jambes fortement lestées pour éviter cette position scabreuse, ses excursions sous-marines à 30 m de profondeur demandaient dix à douze secondes à la descente pour atteindre le fond et un peu plus pour remonter, en sorte qu'il lui restait vingt secondes au plus pour prendre, avec une spatule, son échantillon qu'il mettait dans une pochette attachée à sa ceinture. Il avait en effet constaté qu'il ne pouvait retenir sa respiration pendant plus de trois quarts de minute.

A sa troisième et dernière visite, il fut attaqué par des poissons carnassiers qui le saisirent aux bras et à la gorge et ne l'abandonnèrent qu'à fleur de l'eau, alors qu'il avait déjà perdu connaissance pendant les cinquante-deux secondes de l'immersion à laquelle il avait été exposé, par la résistance à la montée due à ces monstres marins : des congres énormes, au dire des hommes dévoués qui tenaient la corde. Les blessures ressemblaient à des stigmates qui auraient été faits avec des fourchettes enfoncées dans la chair.

C'est dans ces conditions « mente, corde, manu » que l'illustre savant put constater que les extraits cueillis au fond de la mer étaient de l'argile wealdienne identique à celle qu'il avait reconnue en Angleterre. — La lacune existant alors dans son diagramme géologique était comblée, la continuité des couches qui affleurent des deux côtés de la terre ferme définitivement reconnue, et le héros se déclara alors parfaitement indemnisé de ce qu'il a appelé lui-même une mésaventure.

Fort de ces données précises, Thomé de Gamond employa cinq années (de 1851 à 1856) pour amender son projet qui prit corps et comportait au milieu, sur le banc de Varne, une ouverture couronnée par un ouvrage émergeant de la mer auquel il donna le nom « d'Étoile de Varne » *(fig. 3 et 4, Pl. 1)* et qui devait servir de refuge aux bateaux en péril ou ayant des passagers et des marchandises pour le tunnel.

Ce projet, après avoir été examiné officiellement par une Commission composée de MM. les Inspecteurs généraux des Mines Elie de Beaumont et Combes, membres de l'Institut, MM. les Inspecteurs généraux des Ponts et Chaussées Mallet et Renaud et M. E. Keller, Ingénieur hydrographe de la marine, fit l'objet d'une communication à la Société des Ingénieurs Civils le 6 novembre 1857.

A cette époque, Thomé de Gamond expose « qu'à l'aurore du
» siècle (le XIXe) le sens moral n'était pas assez complètement
» développé chez les deux grands peuples, la France et l'An-
» gleterre, pour les unir dans une mission civilisatrice. Chacun
» d'eux avait besoin d'isoler encore son propre génie pour
» agréger les éléments divers de sa propre nationalité, et la
» constituer définitivement. Une déplorable guerre de quinze
» ans s'était rallumée qui donna la mesure de leurs forces gi-
» gantesques. A cette lutte héroïque succéda un calme de
» quarante ans, pendant lequel, comme les Hébreux du Désert,
» les vaillants athlètes de ces grandes querelles descendirent
» successivement dans la tombe. Pendant cette période de recueil-
» lement après le malheur, qui est pour les nations ce qu'est,
» pour l'homme, la prière..... les deux peuples apprirent à se
» mieux connaître et à s'estimer réciproquement. Le lien moral
» fondé sur l'appréciation se consolida. Il est venu se resserrer
» aux Expositions de Londres et de Paris, et dans un commun
» sacrifice où le sang des deux races, versé cette fois pour la
» même cause, a inauguré en Europe l'ère de conciliation.
» C'est alors qu'une grande voix partie de l'Angleterre adressa
» aux agents britanniques sur tous les points du globe, ces ins-
» tructions remarquables : En toutes choses, vous agirez de
» concert avec les agents de la France, comme si vous étiez les
» représentants d'une seule et même nation ».

Combien ces paroles d'outre-tombe retrouvent dans les circonstances actuelles leur éloquence et leur vitalité.

Malheureusement, malgré ces conditions extérieures favorables,
le projet du tunnel resta dans l'oubli jusqu'à l'Exposition uni-
verselle de 1867 ; et ce n'est enfin qu'en 1869 qu'un Comité
Anglo-Français (1) fut constitué pour en préparer l'exécution.

Le projet du tunnel exposé en 1867 (sixième projet de l'auteur)
(*fig. 1, 2, 7, 8 et 9, Pl. 1*) suivait une ligne entre le cap Gris-Nez
et Folkestone (36 km, 040 sous la mer) passant par le banc de

---

(1) Il se composait alors, pour l'Angleterre : de lord Richard Crovenor, membre du
Parlement, Président du Groupe anglais ; de M. Hawes, directeur d'un chemin de fer ;
de MM. Frédéric Beaumont, Thomas Brassey et Edmond Buckley, membres du Parle-
ment ; de M. Williams Buddicom, de l'Amiral Elliot, du Comte Wezele, assistés de
MM. les ingénieurs Hawkshaw et Brumlees. — Pour la France : de M. Michel Chevalier,
Président du Groupe français, M. Bergeron, ingénieur ; M. Édouard Blount, banquier ;
M. Caillaux, député de la Sarthe ; M. de Fourtou, ancien ministre des Travaux publics ;
M. Paris, député du Pas-de-Calais, M. Paulin-Talabot, directeur des Chemins de fer de
Paris à Lyon et à la Méditerranée, assistés de M. l'ingénieur Thomé de Gamond.

Varne, sur lequel Thomé de Gamond envisageait toujours la création d'un îlot formé des matériaux extraits du tunnel : cet îlot de Varne était cette fois aménagé en vrai port pour mettre la marine en contact avec le milieu du tunnel *(fig. 8 et 9, Pl: 1)*.

Le plan montre cette amusante conception d'un chemin de fer à voie unique s'élevant en spirales concentriques d'un développement total de 4 km pour regagner la différence de niveau de 50 m entre le tunnel et les terre-pleins du port, où un maigre système de voies munies de plaques tournantes constituait son aboutissement — tout au plus la possibilité de faire avec une dizaine de trains par jour le service d'une centaine de wagons au maximum, qu'il eût été possible à la rigueur de loger et de mouvoir sur les uniques voies de manutention longeant les quais : ce n'était là qu'un squelette d'essence purement imaginative, trop pompeusement dénommé « gare internationale » où devaient se donner rendez-vous les marines marchandes mondiales !

En s'arrêtant à ce projet, l'auteur croyait les grandes guerres finies à jamais ; mais celle de 1870 est venue lui donner un cruel démenti et il n'eut pas de peine à comprendre qu'il serait vraiment trop facile à un ennemi tant soit peu entreprenant de rompre les communications entre la France et l'Angleterre en s'emparant de l'îlot de Varne.

Il renonça donc au projet de cette gare maritime à la « Jules Verne » et, de concert avec ses confrères anglais, le Comité adopta un tracé de tunnel ouvert à ses deux extrémités seulement dans chaque pays, sans établissement intermédiaire au milieu du détroit.

De cette manière, le tunnel maintiendrait les deux pays en état de communication permanente.

Il partirait en Angleterre à l'Est de Douvres pour aboutir en France au sud-ouest de Calais.

Avec les nouvelles machines perforatrices de M. M. Brunton, essayées plusieurs fois, on espérait pouvoir achever le creusement et la construction du tunnel en quatre ou cinq ans. La dépense était estimée environ deux cents millions de francs (200 000 000 fr) y compris les voies d'accession, en tranchées et à faibles déclivités, aux chemins de fer existant sur les deux rives du détroit.

Une étude commerciale détaillée, publiée à la fin du dernier mémoire de l'auteur en 1869, établit que le revenu net probable du tunnel sur les voyageurs et les marchandises pourrait s'élever à une vingtaine de millions par an.

En ce qui concerne les moyens d'aération du tunnel, il aurait été fait application de la méthode usitée dans les mines, au moyen d'un appel.

Il ne devait d'ailleurs se produire aucune fumée sous le tunnel car on pensait supprimer les locomotives à feu pour les remplacer par des moteurs à air comprimé, la force motrice de compression étant *économiquement* produite par les puissantes forces hydrauliques résultant des variations dans le niveau des marées dont l'onde serait retenue par des barrages dans les petites baies du littoral. Mais cette utilisation pratique des marées est encore à trouver !

La longueur du tunnel étant de 34 km, la traversée devrait s'opérer facilement en une demi-heure au plus.

Ce sont ces projets (1) que Thomé de Gamond a soumis à ses maîtres vénérés comme il les appelait et qui étaient : Cordier, Dufresnoy, le sénateur Elie de Beaumont, tous du Corps des Mines et Membres de l'Institut.

« Recevez avec indulgence » leur disait-il, « ce tribut filial
» d'un humble messager, parti depuis vingt-cinq ans sur l'au-
» torité de votre parole, et qui revient à vous, rapportant sa
» faible part d'une moisson durant laquelle vous l'avez assisté
» en esprit. Si le but final, objet de cette étude, est un jour
» atteint, les générations qui jouiront du monument projeté
» vous sauront gré d'en avoir, par vos lumières, préparé l'exé-
» cution, et d'avoir en cela fortifié le lien moral de deux grands
» peuples ».

Cette moisson a fait l'objet d'une communication à la Société le 21 mai 1873, par notre illustre collègue lui-même, devant une Assemblée qui rendit un juste hommage à tant de science et de labeur.

Thomé de Gamond (il avait alors soixante-huit ans) mourut le 2 février 1875 sans avoir vu la réalisation de son œuvre, mais à un moment où il pouvait être plein d'espoir, puisque

---

(1) La *figure 2 (Pl. 1)* donne les coupes de terrains et profils des six projets étudiés.

Les coupes de terrains marquées nᵒˢ 7 et 8 concernaient des tracés, aboutissant au Cap Dungeness en Angleterre et à Gris Nez ou Boulogne en France, établis en 1857 et 1858, mais qui n'ont pas donné lieu à des projets, étant donné que l'auteur en était déjà arrivé à la conviction que le tunnel ne devait pas s'écarter de la partie la plus étroite de la mer, qu'il appelle l'axe du détroit.

Les tracés 9 et 10 sont ceux des plus grandes profondeurs du chenal français et du chenal anglais.

des deux côtés de la Manche les Sociétés financières pour l'exécution du tunnel étaient déjà constituées.

En effet, c'est le 1er février 1875 que s'est formée la Société Française du Tunnel sous la présidence de Michel Chevalier, avec le concours d'hommes tels que l'ingénieur réputé du Canal de Suez, M. Lavalley, Fernand Raoul-Duval, Léon-Say, etc., en vue d'obtenir du Gouvernement français la concession d'une ligne sous-marine vers l'Angleterre.

Le 2 août 1875, une loi a approuvé la convention passée pour cet objet par le Ministre des Travaux publics avec cette Société. La ligne concédée est ainsi définie : « Chemin de fer partant
» d'un point à déterminer sur la ligne de Boulogne à Calais,
» pénétrant sous la mer et se dirigeant vers l'Angleterre, à la
» rencontre d'un pareil chemin parti de la côte anglaise, dans
» la direction du littoral français ».

La concession a été donnée sans subvention ni garantie d'intérêt, pour une durée de quatre-vingt-dix-neuf ans à partir de la mise en exploitation du chemin de fer sous-marin, l'État s'engageant à ne concéder, pendant trente ans comptés à partir de la même époque, aucun autre chemin de fer partant du littoral et pénétrant sous la mer dans la direction de l'Angleterre. La concession était ainsi accordée ferme et le chemin de fer déclaré d'utilité publique.

La Société qui s'était engagée à exécuter jusqu'à concurrence de 2 millions de francs au moins les travaux préparatoires de toute sorte, tels que : recherches, puits, galeries, sondages, etc., jugés nécessaires pour fixer l'Administration et la Société sur les conditions techniques de l'opération et la possibilité de l'entreprendre avec des chances sérieuses de succès, devait en outre se mettre en rapport avec la Société anglaise qui se chargerait d'entreprendre le chemin de fer sous-marin partant du littoral anglais et dirigé vers la France, en vue d'exploiter d'un commun accord l'ensemble du chemin de fer international suivant la charte que devait définir la Commission internationale nommée au cours des négociations diplomatiques commencées en 1870.

Cette Commission était composée de six membres : trois désignés par le Gouvernement français et trois par le Gouvernement anglais.

Les trois Commissaires étaient, pour la France : MM. Ch. Gavard, C. Kleitz et A. de Lapparent; et pour l'Angleterre : MM. H. W. Tyler, C. M. Kennedy et Horace Watson.

Les travaux de la Commission ont abouti à la rédaction d'un protocole signé par les Commissaires des deux pays le 30 mai 1876, et intitulé : « Projet adopté par la Commission Interna- » tionale du Chemin de fer sous-marin pour servir de base au » traité à conclure entre la France et l'Angleterre. »

Tout a été réglé avec un soin minutieux, sans rien laisser à l'imprévu.

La Compagnie française du Tunnel a, en fait, dépensé plus de deux millions de francs en travaux préparatoires : comme puits et sondages, et pour faire une galerie d'essai qui a été dirigée sous la mer sur une longueur de 1 839 m.

La concession étant ainsi définitive, la Compagnie du tunnel dont M. Léon Say était le président et qui a aujourd'hui pour vice-président M. G. Griolet et pour administrateurs MM. Leroy-Beaulieu, Raoul-Duval, A. Sartiaux et diverses personnalités éminentes, continue à payer au Gouvernement français les frais de contrôle prévus à son cahier des charges et, du jour au lendemain, les travaux peuvent être repris.

Du côté anglais, on est, malgré des travaux préparatoires très importants, beaucoup moins avancé au point de vue des autorisations nécessaires à la mise en route.

Il n'y a pas eu moins de trois Sociétés qui se sont occupées de la question du tunnel sous-marin.

La première, la Channel Tunnel Company fondée en 1872, fut autorisée par un bill du Parlement de 1875 à entreprendre des travaux d'expérience à la baie de Sainte-Marguerite (est de Douvres). Aucun travail pratique ne fut exécuté et la Compagnie fut absorbée par la Submarine Continental Railway Company, en 1886.

La seconde Compagnie qui s'occupa du tunnel, la South Eastern Railway Company, eut au contraire une action prépondérante : un bill du 16 juillet 1874 l'autorisa à dépenser un million pour procéder à des expropriations, et elle se mit en rapport avec la Société française.

Munie des pouvoirs nécessaires pour exécuter des travaux de galeries d'expériences et autres, elle put forer un premier puits, celui qui porte le numéro 2 dans les plans présentés, qui est situé près de l'extrémité ouest de la falaise de Shakespeare, à une profondeur de 49 m et d'où part un tunnel de 2 m,14 de diamètre, sur une longueur de 1 842 m.

Deux autres puits furent encore creusés : le puits numéro 1

à Abbot's Cliff, avec une galerie sous-marine de 805 m et le numéro 3 dans la partie de la falaise de Shakespeare située près de Douvres, ce dernier puits ayant pour but de servir à la ventilation et au drainage des eaux, après sa réunion avec le tunnel partant du puits numéro 2.

En 1882, la troisième Compagnie, la Submarine Railway Company, se chargea de continuer les travaux d'expériences exécutés par la South Eastern Railway Company après avoir remboursé à cette dernière, en argent et en actions, les dépenses déjà faites. Les galeries exécutées ont été maintenues ouvertes et ventilées pendant un temps considérable, par la suite, la preuve ayant été ainsi obtenue de l'infime quantité d'eau de suintement dans la couche où on s'était établi.

Cependant, sous l'action gouvernementale, le forage des galeries fut arrêté en juillet 1882 alors que 1 842 m de tunnel étaient construits.

C'est alors, en effet, ainsi que M. A. Sartiaux l'a rappelé dans la conférence qu'il a faite à Lille en 1907 sur le projet du tunnel sous-marin, qu'une opposition se produisit brusquement en Angleterre et se manifesta d'abord par un article du *Times*, puis par un pamphlet — qui fit beaucoup de bruit — où l'auteur, doué abondamment de ce délicieux humour anglais, montrait avec beaucoup d'esprit « Douvres envahi, une belle nuit, à
» l'arrivée d'un train de plaisir par une bande de touristes,
» imposants par leur nombre, mais aux allures les plus paisi-
» bles, une sorte de caravane de l'agence Cook, ces touristes
» allant tranquillement se coucher dans des hôtels retenus à
» l'avance, puis la nuit, subitement, à un signal convenu, sau-
» tant en bas de leurs lits et se coulant furtivement vers le port,
» où ils s'emparaient d'un approvisionnement de fusils apportés
» par deux vapeurs. C'en était fait du sort de la grande nation,
» Douvres pris, la garnison égorgée, le tunnel, pendant ce temps,
» vomissant sans relâche des hommes de toutes armes, Londres
» envahie, l'Angleterre cambriolée et conquise. Tout était, sous
» la plume du fantaisiste chroniqueur, l'affaire de quelques
» heures. »

« Mais il y avait alors la question d'Égypte, résolue aujour-
» d'hui, qui offrait une belle occasion aux esprits traditionnalistes
» d'alarmer les gens timorés. Le parti conservateur prit la tête de
» l'opposition en adressant au Gouvernement une pétition contre
» le tunnel, signée des noms des représentants des vieilles familles

» d'Angleterre. C'étaient : le duc de Wellington, le duc de
» Marlborough, des comtes, des vicomtes, des barons, des ami-
» raux, des généraux, des évêques, une foule de révérends, des
» poètes, des philosophes, Herbert Spencer en personne, le
» poète et penseur Robert Browning, le très savant professeur
» Huxley, etc. »

Enfin, le coup de grâce fut porté par une brochure de l'amiral
lord Dunsany.

Aussi, lorsque au commencement de 1883 les deux Compagnies, la Channel Tunnel et la Submarine Railway demandèrent
à la fois au Parlement anglais l'autorisation d'entreprendre les
travaux définitifs du tunnel sous la Manche, les deux bills ne
furent pas appuyés par le Gouvernement et furent en conséquence retirés de l'ordre du jour sans avoir été discutés.

Par la suite, ces deux Compagnies eurent bien du mal à
ramener l'opinion en faveur du projet et, malgré un nouvel
effort de partisans convaincus dont le nombre avait grossi au
sein même du Parlement, un nouveau bill, introduit en 1887,
fut définitivement rejeté un an plus tard par la Chambre des
Communes.

Aussi, les Compagnies qui avaient été autorisées à faire les
travaux préparatoires du côté anglais ne songèrent plus qu'à
assurer la conservation de leurs droits et la Submarine Railway
Company fusionna, en 1886, avec la Channel Tunnel Company,
comme elle avait déjà fusionné, en 1882, avec la Compagnie du
South Eastern Railway dont elle avait repris les droits en ce
qui concerne la construction du tunnel.

Finalement s'est ainsi fondée, avec l'approbation du Board of
Trade, l'unique Compagnie qui conserve tous les pouvoirs
nécessaires pour la construction du tunnel, côté anglais, et qui
n'attend que l'autorisation du Parlement britannique : c'est la
« Channel Tunnel Company Limited » actuelle.

Aucun fait nouveau n'est intervenu jusqu'en 1906 où une
nouvelle tentative à la Chambre des Communes échoua encore
devant l'opposition du Gouvernement.

Enfin, en 1914, il semblait bien que la question allait renaître
sous de meilleurs auspices, mais c'est la guerre qui éclata...

Pendant tout ce temps-là, qu'était devenu le projet lui-même
qu'il s'agissait de réaliser ?

Projet de M. A. Sartiaux.

Les tracés envisagés par Thomé de Gamond, qui s'en est toujours tenu obstinément à la ligne droite dans la traversée du détroit, présentaient forcément des imperfections pouvant donner lieu à des difficultés d'exécution insurmontables, attendu qu'elles exigeaient le recoupement de couches successives plus ou moins perméables et résistantes.

Notre savant collègue n'avait pu malgré tout, avant que la mort vienne le surprendre, entrevoir toutes les données du problème que des recherches ultérieures ont mieux précisées et il ne pouvait faire état des immenses ressources apportées tout récemment par la science, notamment dans le domaine de l'électricité.

C'est alors qu'intervint le projet du grand protagoniste du tunnel, M. Albert Sartiaux, administrateur de la Société Française du Chemin de fer sous-marin.

Ce projet a pour point de départ les belles études géologiques et les travaux de l'éminent ingénieur, M. Breton, directeur des travaux de la Société Française du Tunnel, confirmés par les remarquables travaux du savant géologue anglais sir John Hawkshaw et les admirables recherches géologiques faites de 1876 à 1877 par deux savants ingénieurs du corps des mines, MM. Potier et de Lapparent, qui ont effectué dans le détroit plus de 7 000 sondages dont 3 000 ont apporté des certitudes permettant de continuer la carte géologique sous le détroit avec une grande précision. Les courbes de cette carte marquent l'affleurement des divers terrains sur le fond du détroit et sont continues sans aucune cassure dans toute la traversée.

Si, comme l'a dit avec infiniment d'esprit le savant Louis Cordier, auteur de la *Théorie de la Température terrestre*, les expansions de la volcanicité (voire même l'apparition des Pyrénées) ne sont en quelque sorte que des « soupirs » de notre planète, le soupir a été ici plutôt léger sans provoquer de failles dans les couches influencées, celui qui a fait affleurer à l'époque lutétienne le promontoire anglo-français et plus tard, à l'époque miocénique, l'isthme complet auquel il a été fait allusion plus haut.

C'est par l'action érosive des eaux que la nature est parvenue

ensuite à balayer, au grand profit de la marine mondiale
future, l'obstacle qui barrait la route, mais sans altérer en quoi
que ce soit le sous-sol, laissant ainsi subsister le moyen de réta-
blir la communication disparue.

« Le moins initié, dit M. A. Sartiaux, peut d'ailleurs se con-
» vaincre à l'œil nu de l'identité des deux sols anglais et français
» des deux côtés du détroit, en contemplant les hautes falaises
» crayeuses coupées à pic, soit celles de Douvres, soit celles du
» Cap Blanc Nez; il est impossible de ne pas être frappé du
» parallélisme complet des deux formations au point de vue de
» la structure des terrains qui partent du jurassique à la base
» pour finir par les terrains tertiaires. Des deux côtés, la compo-
» sition du massif crayeux est identique : en haut, la craie blanche
» avec des silex ; plus bas, les silex disparaissent et la craie se
» charge d'argile ; enfin à la base, près de Wissant comme à Fol-
» kestone, une couche de craie argileuse, compacte, très uniforme,
» qui donne lieu aux grandes exploitations de pierre à ciment. »

Cette dernière couche qui est celle de la craie cénomanienne ou craie grise de Rouen, et dont l'épaisseur est de 60 m
environ, se présente dans d'excellentes conditions pour le creusement d'un tunnel, attendu que la présence d'un peu d'argile
lui donne une grande imperméabilité et qu'elle est assez tendre
pour se laisser travailler et assez résistante pour ne pas
s'ébouler.

M. A. Sartiaux donne à son projet, pour caractéristique essen-
tielle, de se maintenir constamment dans cette couche imper-
méable en acceptant, grâce à la traction électrique, les courbes
et les déclivités qui permettent de ne pas la quitter, car il
faudra nécessairement épouser les inclinaisons et les plissements
de ladite couche.

Comme il l'a fait remarquer en outre, dans ses articles si
intéressants parus dans la *Revue Politique et Parlementaire*
(10 juillet 1906), dans la *Revue des Deux Mondes* (octobre 1913),
dans la *Revue Générale des Chemins de fer* (avril 1906) et à la
conférence qu'il a faite à Lille, à la Société Industrielle du Nord
de la France, le 20 janvier 1907, on se trouve ici très loin des
conditions ordinaires adoptées pour les tunnels terrestres *(fig. 2)*
où on est amené à traverser transversalement les couches des
diverses formations et de différentes natures, ce qui amène aux
complications les plus grandes qui font quelquefois douter du
succès final comme au Simplon par exemple.

Assurément, le point haut du tunnel ne pourra pas coïncider avec le milieu de l'ouvrage dans l'axe du détroit, ce qui aurait facilité, comme pour les tunnels terrestres, l'évacuation des déblais dans la construction de l'ouvrage même et l'écoulement des eaux, car en opérant ainsi, les points de départ sous la terre ferme se trouveraient ètre à plus de 200 m au-dessous de la surface du sol, ce qui exigerait des approches souterraines extrémement longues pour le raccord aux lignes de chemin de fer existant de part et d'autre.

D'ailleurs, quoi qu'on fasse, il faudra toujours des points bas

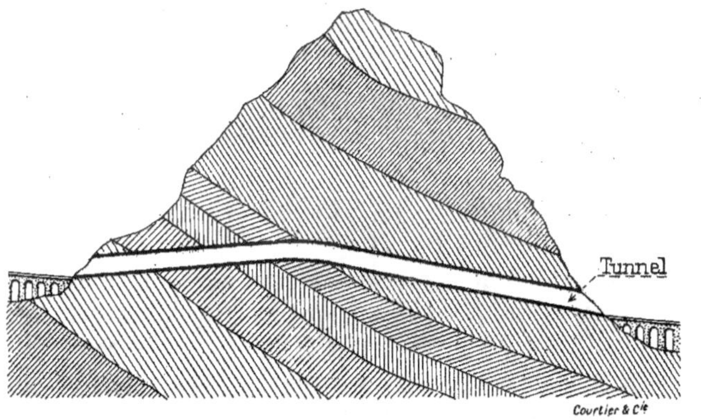

Fig. 2. — Coupe théorique d'un tunnel de montagne.

quelque part, et alors il y en aurait eu deux, un sur chaque rive, qui se seraient trouvés en dehors de la couche cénomanienne, dans des terrains aquifères ou inconsistants.

C'est ainsi que d'accord avec M. Breton, le directeur des travaux du tunnel, M. A. Sartiaux a été conduit à établir le tunnel en cuvette et à le compléter pour l'enlèvement de tous les détritus et l'écoulement des eaux par une galerie spéciale de desserte qui, elle, ira toujours en descendant depuis le point milieu du tunnel jusqu'à l'extrémité en terre ferme où se trouvera le puits d'évacuation.

Cette solution est d'autant plus heureuse qu'elle va permettre d'utiliser la galerie d'écoulement pour hâter la construction du tunnel qu'on pourra attaquer à la fois en autant de points qu'on le voudra, faculté qu'on n'a pas avec les tunnels terrestres où l'on ne dispose jamais, à partir des points bas situés sur les flancs, que d'un front d'attaque unique de chaque côté de la montagne à percer, soit deux en tout.

Voici d'ailleurs les principales caractéristiques du projet :

a) Tracé et profil. — Le chemin de fer sous-marin *(fig. 3)* partira des abords de Marquise où sera établie la gare douanière de jonction avec la ligne de Boulogne à Calais et, au sortir même de la gare, après une courbe, la ligne suivra à peu près exactement la méridienne du point situé à 3 km environ (nord-ouest) de la ville. Le tunnel commencera 1 km environ plus loin (km 6 de la ligne) et se poursuivra en alignement droit jusqu'au sud du village de Sangatte (km 17) où, par une courbe ou une série de courbes de 2 km de développement, il reprendra en alignement droit (km 19) ou quasi droit la direction est-ouest jusqu'au km 37, c'est-à-dire environ 2 km au delà du milieu du détroit (km 35).

En courbe et contre-courbe du km 37 au km 40, il suivra un alignement droit de 4 km (km 40 au km 44) dans une direction toujours est-ouest; du km 44 au km 46, nouvelle courbe ou succession de courbes concaves vers le nord pour suivre ensuite, sur 4 km (km 46 au km 50), un alignement droit dirigé cette fois sud-est-nord-ouest; puis une courbe de 1 km environ de développement, et le dernier alignement de 3 km (km 50 au km 53) où commence la boucle de Douvres qui pénètre sous la terre ferme, entre le km 54 et le km 55, la bouche anglaise du tunnel se trouvant à la gare de douane même qui serait installée au sud-ouest de la ville entre les points kilométriques 59 et 60, et d'où partiraient les deux raccordements à ciel ouvert d'un peu plus de 1 km chacun pour la soudure avec les lignes existantes, de Londres *via* Canterbury et *via* Folkestone.

Le tracé général du tunnel affecte ainsi la forme d'un M très aplati et allongé.

Le profil *(fig. 4)* qui comporte du côté français un palier de 6 km auquel succède une déclivité de 10 mm par mètre sur 8 km environ donne, après une pente de 4 mm sur un peu plus de 6 km, un quasi palier (pente et contre-pente) de 2 mm, 25 et et de 2 mm jusqu'au milieu du détroit, c'est-à-dire sur près de 15 km.

Les dispositions adoptées du côté anglais sont à peu près du même ordre, sauf que la déclivité à l'origine du tunnel, de ce

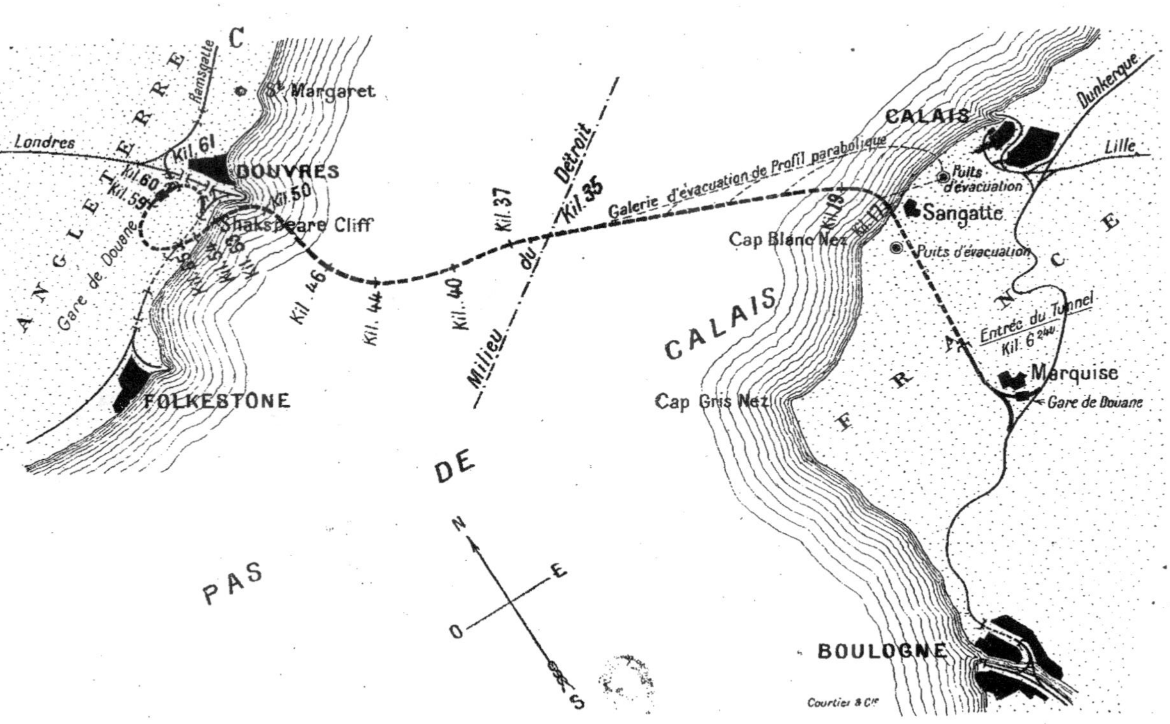

Fig. 3. — Tracé du tunnel (projet actuel).

ANGLETERRE
FRANCE
Profil   en   long   du   Tunnel
Sénonien
Turonien
Niveau   moyen   de   la   Mer
Turonien
Cénomanien
Gault
Grès vert
Galerie d'évacuation
Wealdien
Jurassique
DÉTROIT DU MILIEU
Puits à établir
Puits existant
Sénonien
Turonien
ORIGINE DU TUNNEL
Gare de Douane de Marquise
115ᵐ
125ᵐ
0.008 0.018 0.006 0.005 0.0018 0.0025 0.002 0.002 0.004 0.010 0.009 0 0.0005
1ᴷ1 3ᴷ7 1ᴷ6 6ᴷ4 9ᴷ1 2ᴷ 4ᴷ 10ᴷ7 6ᴷ2 7ᴷ9 0ᴷ5 4ᴷ9 0ᴷ4
Déclivités
61 60 58 56 54 52 50 48 46 44 42 40 38 36 35 34 32 30 28 26 24 22 20 18 16 14 12 10 8 6 4 2 1 0
Kilométrage
Courtier & Cⁱᵉ Paris.

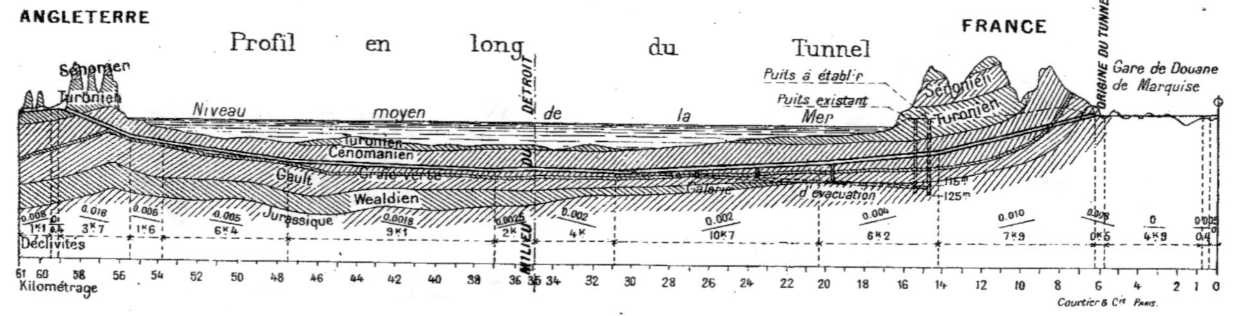

Fig. 4.

côté, est sensiblement plus forte que du côté français (18 mm au lieu de 10 mm); mais les ingénieurs anglais cherchent précisément à l'amoindrir dans les études qu'ils poursuivent actuellement (1).

Dans ces conditions de tracé et de profil, le tunnel restera continuellement dans la couche de craie cénomanienne, dans son tiers inférieur, c'est-à-dire que son niveau se trouvera être, au milieu du détroit, à 50 m environ au-dessous du fond du détroit et à un peu moins de 100 m au-dessous du niveau moyen de la mer.

Il ne sortira du cénomanien qu'aux extrémités et sur une faible longueur (3 km environ du côté francais et quelques centaines de mètres seulement du côté anglais), mais bien au-dessus du niveau de la mer, c'est-à-dire dans des conditions où l'évacuation des eaux d'infiltration pendant la construction sera facile.

L'enfouissement à cette profondeur le rendra indemne, en cas de guerre, de toute atteinte par la surface immergée et les eaux de suintement qui diminuent au fur et à mesure qu'on chemine de l'est à l'ouest, au point qu'elles n'existent pour ainsi dire pas du côté anglais et qui, toutes choses égales d'ailleurs, dans un même plan méridien, diminuent également avec la profondeur, seront réduites à peu de chose.

On estime qu'elles seront au maximum de 1 litre environ par minute et par mètre courant de galerie, soit au total, comme l'ont confirmé les expériences dans la galerie d'essai actuellement creusée du côté français, un maximum de 100 mc par minute pour l'ensemble du tunnel, c'est-à-dire un chiffre bien inférieur à l'exhaure de certaines mines où ce débit n'a rien d'inquiétant.

Ces eaux de suintement qui disparaîtront d'ailleurs au fur et à mesure du revêtement, partout où il sera rendu nécessaire, s'écouleront pendant la construction et ensuite en cours d'exploitation, par la galerie d'écoulement prévue de chaque côté du tunnel : la galerie française partant du km 31, juste dans le prolongement de la contre-pente formant dos d'âne au milieu du tunnel, c'est-à-dire au point le plus bas, aura une pente moyenne de 1 m/m,5 par mètre et une longueur de 17 km

____

(1) Cette soudure du côté anglais est susceptible de légères modifications, étant donné que les ingénieurs du S. E. and C. R. ne nous ont pas encore fait connaître quelle es parmi les variantes étudiées, celle à laquelle ils se sont ralliés définitivement.

environ pour atteindre, par une pente beaucoup plus grande, la cote — 115 à — 125 m dans le nouveau puits d'évacuation qui sera descendu à la profondeur de — 125 à — 135 m.

Le profil figure également l'emplacement du puits actuel qui fait partie des travaux préparatoires exécutés par la Société du Tunnel et qui donne naissance à la galerie d'essai creusée sur 1 839 m de longueur environ le long de la côte vers l'ouest, avec un diamètre de 2 m, 14 (7 pieds anglais), et dont il a déjà été question plus haut. Ce puits pourra d'ailleurs servir à l'écoulement des eaux provenant de la partie supérieure du tunnel comprise entre les km 6 et 15.

La couche cénomanienne *(fig. 5)* étant inclinée sud-ouest-nord-est, un point bas dans cette couche se trouvera nécessairement au nord-est d'un point haut, sur le même méridien, également proche du lit inférieur de la couche.

En conséquence la galerie d'écoulement, partant en descendant de son point de jonction vers le milieu du détroit avec le tunnel qui remonte vers la côte, se profilera de plus en plus au nord de celui-ci à mesure qu'elle approchera du puits d'évacuation, ainsi que l'indique le plan.

En ce qui concerne le profil à adopter pour cette galerie, il y a lieu de tenir compte des considérations suivantes :

Au point haut, vers le milieu du détroit, la quantité d'eau d'infiltration à écouler est par définition nulle. Si on suppose que la quantité d'eau pénétrant dans le tunnel par la porosité de la couche est constante par mètre de longueur de galerie, au fur et à mesure que l'on se rapproche des côtes de France, on aura à écouler une quantité d'eau d'infiltration croissant de plus en plus au fur et à mesure qu'on se rapprochera du puits d'évacuation. La cunette d'écoulement devra donc avoir un débit croissant qui atteindra son maximum au point le plus bas où les eaux seront réunies pour être remontées à la surface.

Or, comme le débit d'une conduite d'écoulement dépend de la section de la galerie, d'une part, de sa pente, d'autre part, il faudra au fur et à mesure, ou accroître la section, ou augmenter la pente, et c'est évidemment cette dernière solution qu'il faut adopter attendu qu'il sera infiniment plus commode de donner à la galerie creusée par une machine perforatrice une section circulaire invariable d'un bout à l'autre et qu'au surplus, pendant la construction, elle aura à faire face à l'évacuation des déblais, qui exige une section minima pour le passage des tracteurs, des

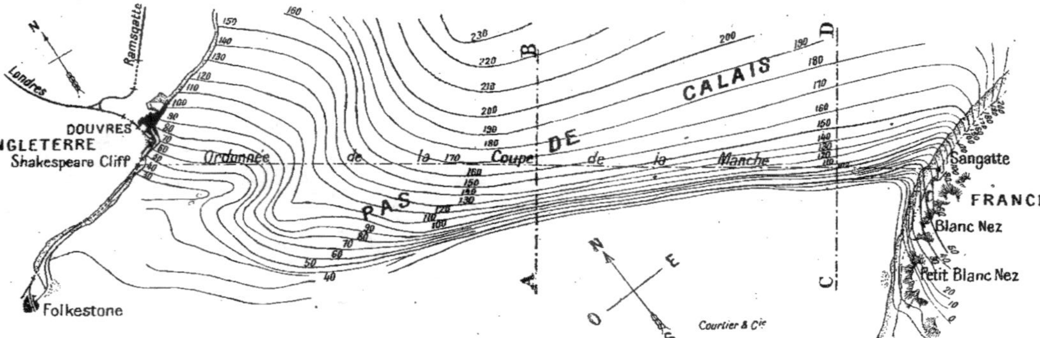

Fig. 5. — Courbes de niveau à la base de la couche cénomanienne.

wagonnets et du personnel, section qui sera sensiblement celle que donnera la machine perforatrice.

La pente à la jonction du tunnel sera donc à peu près nulle pour atteindre environ 10 mm par mètre à l'endroit du puits, et même plus si c'est nécessaire.

b) Sections transversales du tunnel et de la galerie d'écoulement (côté français). — Thomé de Gamond avait songé à un tunnel suivant la formule ordinaire, c'est-à-dire avec voûte surbaissée embrassant les deux voies *(fig. 7. Pl. 1).*

M. Sartiaux a pensé qu'il ne serait peut-être pas très prudent de construire cette galerie unique pour deux voies, qui aurait

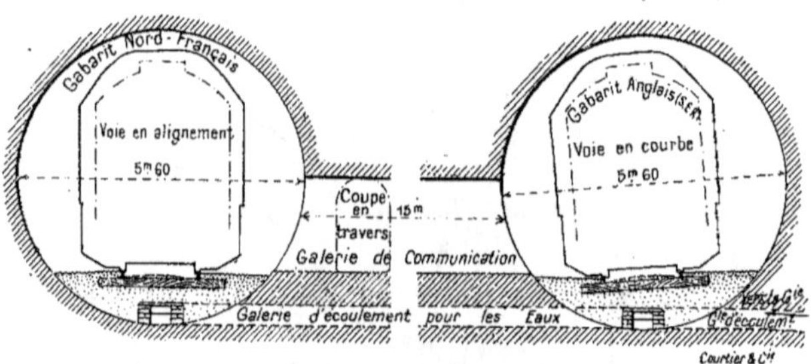

Coupe transversale de deux galeries

qui constitueront le tunnel *(l'une des galeries supposées en courbe).*

Fɪɢ. 6.

une forme ovale avec 9 à 10 m de largeur horizontale et 6 à 7 m de hauteur. On aurait de ce fait, dans la craie grise dont l'épaisseur est de 40 à 50 m, une voûte surbaissée au-dessus de laquelle il resterait une épaisseur de couche quelque peu incertaine pouvant descendre à quelques mètres seulement et qui pourrait pourtant être appelée à supporter une pression relativement considérable, puisqu'elle pourrait atteindre de 15 à 20 kg par centimètre carré. Ce serait véritablement risquer quelque chose que d'adopter une section de cette nature et il est infiniment préférable d'adopter deux galeries circulaires parallèles de 5 m, 50 à 6 m de diamètre chacune *(fig. 6, 7 et 8),* distantes de 15 m l'une de l'autre, ne réagissant par conséquent pas l'une sur l'autre au point de vue de la résistance de la couche et créant dans cette couche la cause minima de dislocation du fait de la forme circulaire qui est celle de l'égale résistance en

tous points aux pressions intérieures ou extérieures. Les deux
galeries communiqueraient d'ailleurs, de distance en distance,

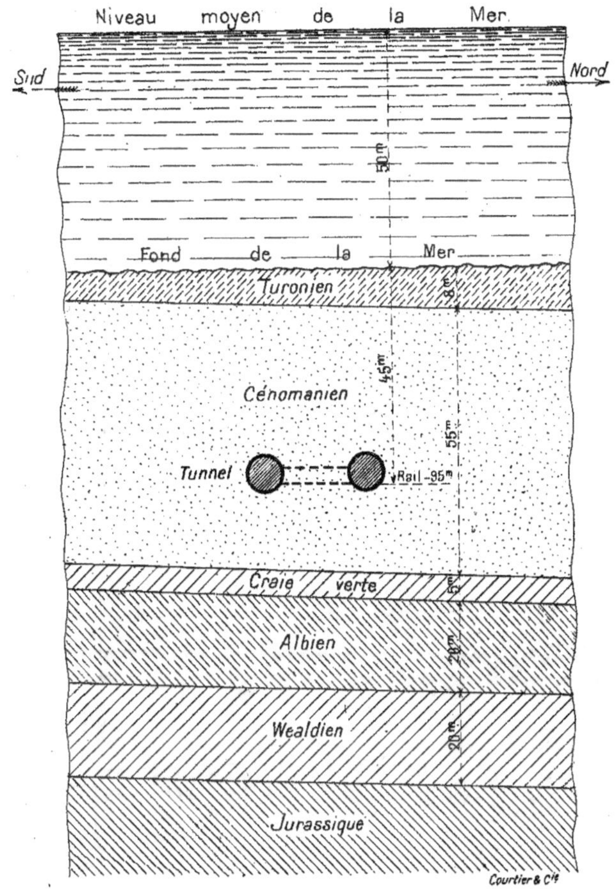

Fig. 7.

l'une avec l'autre, par des couloirs transversaux très rappro-
chés, tous les 100 m par exemple, qui feraient des deux galeries un ensemble en rapport étroit.

En ce qui concerne la galerie de desserte par où se fera l'écoulement des eaux d'infiltration, il suffira de doubler à peu près

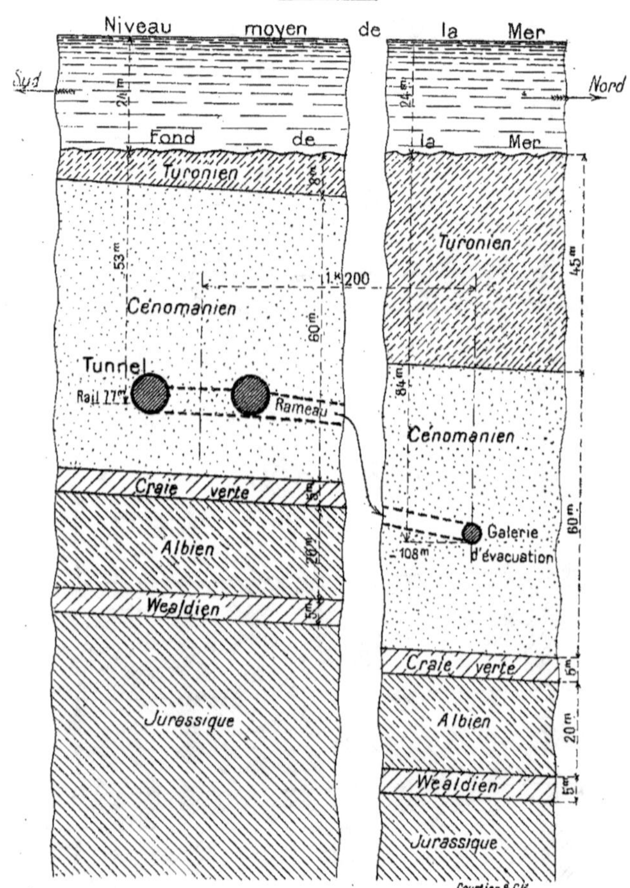

Coupe transversale
à 5 Kil. de la Côte.

Fig. 8.

la section connue et expérimentée de 2 m,14 de diamètre qui est celle de la galerie d'essai; on lui donnerait ainsi 3 m de diamètre en chiffres ronds.

c) Mode de construction (côté français). — On débuterait pour la partie française par deux chantiers distincts :

Le premier, qui consisterait à faire les travaux d'approche, à installer la gare de douane et à percer le tunnel dans la partie comprise entre le km 6 de la ligne (bouche française) et le km 15 où aboutira une petite galerie de communication avec le puits existant.

Le second, qui consisterait à creuser le nouveau puits d'évacuation d'où partira la grande galerie d'écoulement ; puis ensuite, cette galerie elle-même avec des rameaux intermédiaires s'avançant vers le tracé futur du tunnel, suivant une direction nord-est-sud-ouest et avec un profil légèrement parabolique comme la galerie elle-même, c'est-à-dire avec une pente diminuant de la galerie vers le tunnel.

Chaque point de touche du tunnel, de la galerie ou d'un de ses rameaux, constituera un front d'attaque d'où partiront deux perforatrices (une pour chaque tube du tunnel double) qui travailleront *en remontant* (1) de manière que l'évacuation des déblais et l'écoulement des eaux soient facilités par la pesanteur. A l'extrémité de la galerie (km 31), il y aura nécessairement deux fronts d'attaque en remontant, l'un vers le milieu du tunnel (km 35), l'autre vers le point d'attaque du dernier rameau (km 28).

Les machines perforatrices employées seront du type le plus perfectionné que pourront offrir les constructeurs et certainement d'un débit plus rapide que celles qui ont été employées pour creuser les galeries d'essai de 2 m,14 de diamètre existant déjà sur une longueur de 1 839 m du côté français et de 1 842 m (Shakespeare's Cliff) et de 805 m (Abbot's Cliff) du côté anglais.

Il faudra, au fur et à mesure de l'avancement, vérifier avec la plus grande certitude la forme des couches souterraines et, à cet égard, la galerie d'écoulement aura entre autres avantages considérables celui de permettre de tâter cette forme.

Comme l'indiquait M. A. Sartiaux dans ses articles de la *Revue des Deux Mondes*, de la *Revue Politique et Parlementaire* et de la *Revue générale des Chemins de fer*, « on devra déterminer la position des » puits sur terre en s'inspirant surtout des facilités à ménager pour

(1) On ne peut guère songer à partir à la fois en avant et en arrière, à raison de deux fronts d'attaque par rameau, parce qu'il n'est guère possible d'attaquer que dans le sens qui remonte sans poser des problèmes délicats d'évacuation artificielle des eaux accumulées par la pesanteur au front de taille, sauf dans les parties où la roche sera tout à fait exempte de suintements.

» leur fonçage (il s'agira d'éviter, autant que possible, la couche
» de sable superficielle sur laquelle est assis le village de San-
» gatte). On forera ces puits jusqu'à la base de la craie grise; on
» reconnaîtra à nouveau, aux points choisis pour le fonçage,
» l'épaisseur de la craie; de là on percera, en cheminant selon
» le tracé et le profil théorique de la galerie d'écoulement; mais
» dès qu'on aura fait 100 ou 150 m de galerie, c'est-à-dire au
» bout du travail d'une semaine environ, on fera un sondage en
» dessous et un sondage en dessus dans la craie, de façon à
» savoir exactement où on est dans la couche. Huit jours après,
» ce sera de même un second sondage en dessous et en-dessus,
» et ainsi de suite de huit jours en huit jours, c'est-à-dire tous
» les 120 ou 150 m. Dès que quelques-uns de ces sondages con-
» sécutifs auront indiqué que l'on se rapproche trop des limites,
» soit supérieure ou inférieure, de la couche de craie, c'est-à-
» dire que la couche n'a pas exactement l'allure qu'on lui a
» attribuée par l'hypothèse, on infléchira le tracé sans toucher
» au profil théorique de façon à se remettre dans les conditions
» moyennes qu'il importe de réaliser. »

« C'est là » comme le disait Thomé de Gamond, « qu'il faudra
» surexciter le Génie des Mines et surtout recourir à l'inépui-
» sable sagacité des intelligences modestes, mais pratiques par
» excellence, qui peuplent l'atelier du mineur. »

La galerie d'écoulement pourra, de ce fait, devenir plus ou
moins sinueuse. Qu'importe ! Les eaux ne s'y écouleront pas
moins facilement et les petits trains électriques qui serviront à
l'évacuation des déblais et à la conduite du personnel pendant
la construction n'y passeront pas moins librement ; mais avant
d'attaquer le tunnel proprement dit, on aura ainsi reconnu la
couche et cette reconnaissance se continuera par chacun des
rameaux transversaux que, au fur et à mesure de l'avancement
de la galerie d'écoulement, on lancera vers le tunnel dont on dé-
terminera ainsi par tâtonnement chaque point d'attaque intermédiaire, de manière que ce point soit exactement à la hauteur vou-
lue, d'une part pour être convenablement placé dans la couche,
d'autre part pour permettre de réaliser un bon profil *(fig. 9)*.

Les produits des excavations constituant de la poussière à
ciment de premier ordre, on pourra peut-être en faire emploi
d'une partie sur place, dans un endroit approprié, pour la pré-
paration du ciment qui sera utilisé en grand dans le travail pour
les revêtements, soit métalliques soit en maçonnerie, partout où

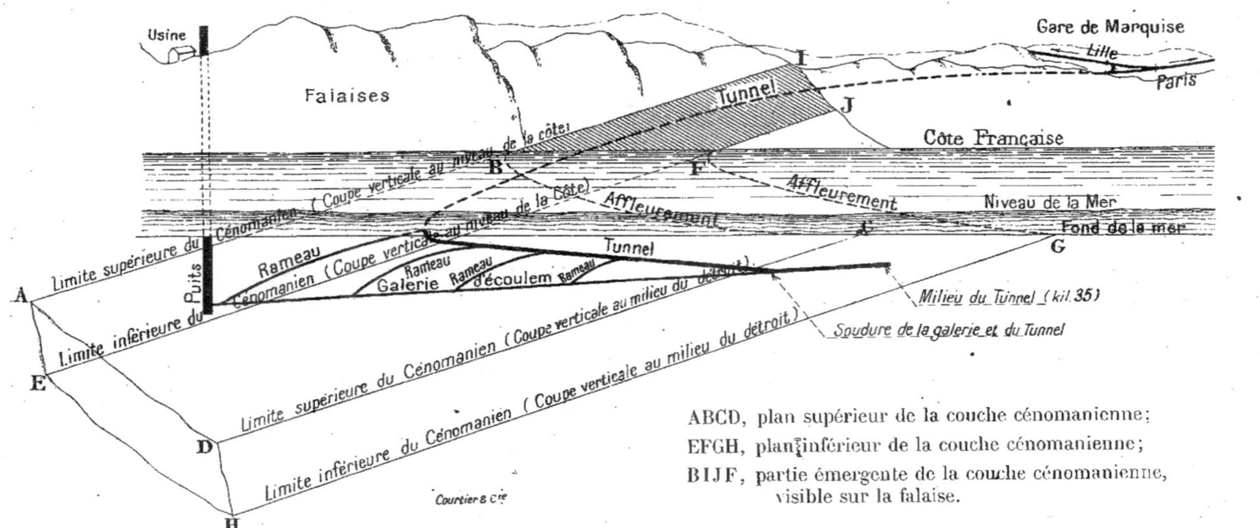

ABCD, plan supérieur de la couche cénomanienne;

EFGH, plan inférieur de la couche cénomanienne;

BIJF, partie émergente de la couche cénomanienne, visible sur la falaise.

Il est facile de se rendre compte que le système formé par le tunnel, la galerie, les rameaux et la partie inférieure du puits reste tout entier compris entre les deux plans inclinés limitant la couche de craie cénomanienne.

Fig. 9. — Vue perspective de la partie française du tunnel, l'observateur étant supposé placé au milieu du détroit et regardant la côte française.

on y aura recours. Le surplus pourra être chargé de suite sur wagons en destination des usines de la région.

Combien faudra-t-il de rameaux intermédiaires, c'est-à-dire combien faudra-t-il adopter de fronts d'attaque simultanés ? C'est un point qui est pour ainsi dire commandé par la durée d'exécution qu'on ne voudra pas dépasser.

D'après les données que nous avons déjà et qui résultent de l'emploi à Sangatte et Shakespeare Cliff des perforatrices du colonel Beaumont pour les galeries d'essai, et sans escompter les progrès industriels permettant de faire un gain des plus sérieux, il n'est pas téméraire d'escompter que la galerie d'écoulement et les rameaux chemineront avec une vitesse moyenne dépassant 20 m par jour, c'est-à-dire 120 m par semaine, soit 6 km par an. C'est donc théoriquement et en mettant toutes choses au pire au bout de trois ans que la galerie sera arrivée au point où commence la section centrale du tunnel dans laquelle elle se confondra avec lui.

Si, grâce à l'expérience acquise, on admet que le tunnel, suivant son profil définitif, avancera avec une vitesse qui ne sera pas inférieure à la moitié de celle admise pour la galerie d'écoulement elle-même, un an suffira alors pour achever les dernières portions de l'ouvrage.

En ce qui concerne le nombre des rameaux, il est fonction de la vitesse de creusement du tunnel lui-même. Les premiers calculs en font prévoir 4 ; il sera bien facile d'en faire plus si l'expérience au cours des travaux l'indique comme nécessaire ; mais de toutes façons, grâce à ces rameaux et à l'attaque du tunnel définitif par plusieurs fronts simultanés, on peut dire que la vitesse d'exécution du tunnel dépendra surtout de la rapidité d'avancement de la galerie d'écoulement et des rameaux.

Ainsi donc, grâce aux progrès industriels obtenus depuis vingt ans, grâce à la méthode que nous venons de décrire, grâce au progrès qu'on ne manquera pas de réaliser dans la machine perforatrice, grâce à l'utilisation de la traction électrique pour l'enlèvement des déblais, grâce aux pompes rotatives à grande vitesse, actionnées électriquement, pour l'enlèvement des eaux d'infiltration réunies dans les puits, grâce aux progrès de détail tels que l'emploi du téléphone et de la lumière électrique, l'exécution de la galerie d'écoulement et du tunnel ne nécessitera pas plus de trois à quatre ans après l'achèvement des travaux auxiliaires et préparatoires dont les principaux seront

Bouche française. — Usine de Sangatte.

Falaise près du cap Blanc-Nez montrant, à la base,
la couche de craie grise dans laquelle cheminera le tunnel.

Bouche anglaise. — Usine de Shakespeare Cliff.

la construction des voies d'accès pour l'évacuation des déblais et le fonçage des puits de grand diamètre analogues aux puits de houillères, ce dernier travail pouvant exiger à lui seul une année de travail au moins.

Ce mode d'exécution basé sur les rameaux intermédiaires, si avantageux au point de vue de la sûreté du cheminement dans le banc de craie et au point de vue de la rapidité du travail, place au premier plan le problème des transports qui devront s'effectuer par la galerie d'écoulement, transports de déblais, transports du personnel, transport des pièces de machines, et qui se feront dans l'intérieur de cette galerie par un petit chemin de fer souterrain électrique à voie de 0 m, 60 qui, dans la période la plus active de son exploitation, n'aura pas à évacuer moins de quatre mille tonnes de déblais par jour, représentant une centaine de trains journaliers dans chaque sens et un transport de 1 200 voyageurs au minimum correspondant aux voyages du personnel se rendant aux divers fronts de taille et en revenant, et qui seront répartis en trois et plus probablement quatre postes, de façon à assurer la continuité du travail. Cela représente un trafic qu'envieraient bien des lignes d'intérêt local et qui est comparable à celui de certaines lignes d'intérêt général.

Du côté français, le fonçage du nouveau puits constituera certainement le point le plus délicat de l'entreprise, mais les difficultés seront réduites au minimum en choisissant un emplacement en dehors des sables quaternaires qui recouvrent la craie et en employant, pour traverser ces craies, les mêmes méthodes qui ont déjà si bien réussi à M. L. Breton pour le fonçage des puits déjà creusés. On pourra, dans tous les cas, comme l'a prévu M. Breton, avoir recours à la congélation et peut-être à la cimentation ou à la compression, toutes méthodes constituant le bagage pratique actuel de la Science minière.

Il est bien certain qu'on ne se lancera pas ainsi dans l'inconnu étant donné ce qu'on sait déjà des tunnels sous-marins, d'une longueur assez considérable, qui existent déjà.

Les mines d'étain ou de cuivre de Cornouailles s'étendent loin sous la mer sans que les flots les envahissent. Sur la côte du Cumberland où s'exploitent des couches de charbon, plusieurs galeries se sont avancées à plus de 5 km de la plage et les voies transversales qui les relient entre elles ont avec elles un développement aussi grand que celui du tunnel projeté sous la Manche. Jamais l'eau n'a pénétré sous ces mines et la confiance des mineurs de la contrée contre l'invasion de la mer est telle qu'ils se vantent d'atteindre quelque jour la côte d'Irlande qui est à 100 km de distance et qui est séparée par un bras de mer autrement profond que la Manche.

La Société Française a d'ailleurs, comme nous l'avons dit plus haut, fait de 1875 à 1883 un essai direct de pénétration sous-marine dans la couche cénomanienne, grâce au concours éclairé de son directeur des travaux, M. Breton, qui s'est fait une si grande réputation tant comme géologue que comme exploitant de mines, et pour qui la structure des terrains boulonnais n'a pour ainsi dire plus de secret (1).

Ces travaux ont consisté à creuser à Sangatte, sur le rivage, jusqu'à une profondeur de 60 m environ au-dessous du niveau de la mer, un puits de grand diamètre *(fig. 10)*, et à faire partir du fond de ce puits une galerie de 2 m, 14 de diamètre pénétrant dans la couche de craie grise jusqu'à une longueur qui a atteint 1 839 m sous la mer.

On ne connaît pas assez l'importance de ces travaux : il reste encore aujourd'hui à Sangatte l'ancienne usine comprenant deux machines à vapeur de 300 ch, des compresseurs d'air, un puits avec chevauchement, des pompes d'épuisement puissantes, etc., comme le montre l'une des photographies ci-après.

C'est avec tout cet outillage, religieusement gardé, qu'a été creusée cette galerie d'études qui a démontré, d'une part l'imperméabilité à peu près complète de la couche, sa dureté, sa position avec son inclinaison vers le Nord-Nord-Est, et d'autre part la possibilité d'y pénétrer par un avancement qui s'est constamment accru jusqu'à atteindre près de 400 m par mois, au moyen de la machine perforatrice imaginée par le colonel Beaumont. (Ce chiffre serait certainement dépassé de beaucoup avec les nouveaux perfectionnements qui ne manqueront pas d'être apportés aux machines perforatrices.)

La galerie d'études analogue creusée du côté anglais au pied de la falaise Shakespeare, et qui s'étend à 1 842 m sous la mer, est restée très étanche, et une chronique de 1882 nous fait connaître « qu'un groupe d'Ingénieurs ont lunché avec leurs familles

(1) Depuis la lecture du présent mémoire, à la séance du 23 juin 1916 de la Société des Ingénieurs Civils, nous avons appris la mort, survenue à Calais le 17 juillet dernier, de M. Ludovic Breton, alors âgé de 73 ans, et qui, après avoir cherché pendant toute son existence à arracher les secrets du sous-sol du Nord de la France, avait continué, depuis la guerre, à mettre son inépuisable activité au service de son pays comme membre du bureau d'hygiène militaire de Calais.

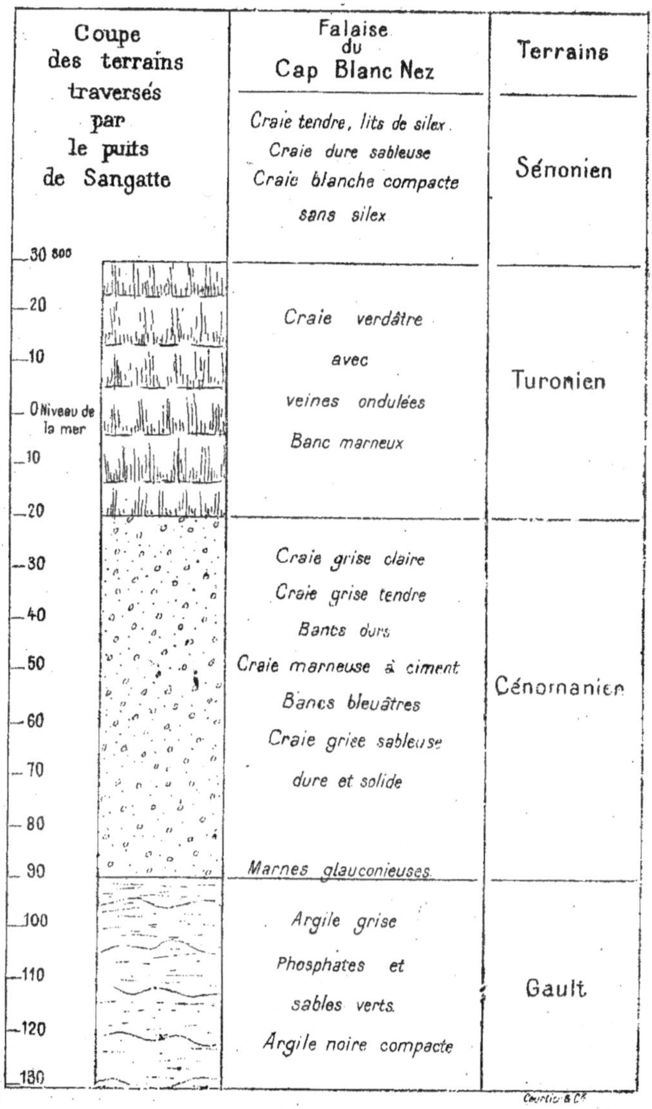

Coupe des terrains traversés par le puits de Sangatte	Falaise du Cap Blanc Nez	Terrains
	Craie tendre, lits de silex. *Craie dure sableuse* *Craie blanche compacte* *sans silex*	Sénonien
30 800 20 10 0 Niveau de la mer 10 20	*Craie verdâtre* *avec* *veines ondulées* *Banc marneux*	Turonien
30 40 50 60 70 80 90	*Craie grise claire* *Craie grise tendre* *Bancs durs* *Craie marneuse à ciment* *Bancs bleuâtres* *Craie grise sableuse* *dure et solide* *Marnes glauconieuses*	Cénomanien
100 110 120 130	*Argile grise* *Phosphates et* *sables verts* *Argile noire compacte*	Gault

Fig. 10.

à l'extrémité même de cette galerie où une salle avait été aménagée pour la circonstance ».

d) Mode de traction et ventilation. — Comme nous l'avons vu, le cheminement réel du tunnel pourra donner lieu, en fait, à un tracé et un profil bien plus tourmentés que les tracé et profil théoriques donnés aux exécutants, lesquels auront comme principal objectif de. maintenir toujours le tunnel en bonne place dans la couche de craie grise. D'autre part, en raison de la longueur du tunnel qui ne sera en relation avec l'air libre qu'à ses deux extrémités, il faut écarter autant que possible toute cause d'altération de l'atmosphère intérieure.

Pour ces deux raisons, la locomotive à vapeur, par son manque de souplesse et le dégagement de fumées, eût été tout à fait impraticable.

Aussi, avant que l'on connût la traction électrique, M. A. Sartiaux avait déjà fait étudier une machine à eau surchauffée, capable d'épouser des rayons assez faibles, et on n'y était arrivé que difficilement pour une puissance ne permettant de franchir avec des charges convenables que des déclivités faibles.

L'emploi de la traction électrique, envisagé depuis, et qui permet d'obtenir les mêmes puissances et les mêmes vitesses qu'avec les meilleures locomotives à vapeur, malgré la présence de courbes pouvant descendre à 250 m ou 300 m de rayon et même moins et avec des pentes qui peuvent aller jusqu'à 15 et même 20 mm, rend le problème infiniment plus facile et ne laisse plus aucun doute sur la possibilité pour le tunnel de suivre toutes les inflexions et toutes les dénivellations qu'on pourra être amené à lui imposer.

Quant à la ventilation du tunnel, elle n'a qu'une importance secondaire auprès de celle qu'elle aurait dans les grands tunnels où la traction s'effectue par la vapeur et qui pénètrent profondément au sein de roches à température relativement élevée.

Étant donné que la traction sera électrique, il n'y aura aucune cause pratique d'altération de l'air du tunnel. La température de la roche sera celle de la mer au fond du détroit, soit au maximum 17°.

En outre, la constitution même du tunnel par deux galeries circulaires distantes de 15 m dont chacune sera spécialisée à un sens de circulation facilitera considérablement le renouvellement de l'air par le passage même des trains.

Comme le tunnel est mis en communication avec la galerie d'écoulement par une série de rameaux latéraux et que les deux galeries composant le tunnel sont mises en communication l'une avec l'autre tous les 100 m, par un boyau transversal, on peut admettre la combinaison suivante :

Dans les rameaux d'une part, dans les boyaux de communication d'autre part, sont prévus des dispositifs facilitant l'évacuation de l'air dans un certain sens et non dans l'autre, sans avoir pour cela à recourir à de vrais clapets : Sous l'action des trains venant de France, pour la partie française, l'air refoulé devant ces trains gagnera facilement sans remous inverse, et le tunnel voisin, et les rameaux, et la galerie d'écoulement, puis enfin les puits de Sangatte et par eux l'air libre.

Sous l'action des trains venant d'Angleterre (toujours pour la partie française), l'autre tunnel aspirera derrière lui l'air frais du premier en refoulant par l'avant, vers l'air libre, l'air préexistant supposé vicié.

En vérité, le passage des trains, seul, suffira certainement à renouveler l'air du tunnel sans qu'il soit besoin de mettre en action les ventilateurs pourtant prévus.

Néanmoins, M. A. Sartiaux a adopté tout un ensemble de dispositions permettant d'assurer cette ventilation comme si les éléments favorables n'existaient pas.

Un puissant ventilateur actionné par des moteurs de 300 ch a été prévu dans chacun des deux puits d'extraction de Sangatte, à l'extrémité de la galerie dite « d'écoulement » ; un seul de ces deux ventilateurs (l'autre servant de réserve) suffit pour renouveler complètement tout l'air du tunnel pour toute la moitié française dans l'espace de trois jours, en supposant que, dans ces trois jours, il ne soit passé aucun train, c'est-à-dire que la circulation proprement dite des trains ne soit pas venue ajouter son concours à l'action du ventilateur.

En mettant en action les deux ventilateurs, on renouvellerait l'air de toute la partie française en un jour et demi, ce qui serait tout à fait suffisant, si ce n'était d'ailleurs superflu en raison même des dispositions prises pour faire coopérer le mouvement même des trains à la ventilation.

e) Dépenses de construction. — La dépense de construction du tunnel a donné lieu à des évaluations très diverses.

Il y a une trentaine d'années, lors des premières études, on

évaluait la dépense à des chiffres très faibles : un ingénieur
français, M. Bergeron, parlait de 125 millions de francs et le grand
ingénieur anglais, M. John Hawkshaw donnait le chiffre de
250 millions. Les études nouvelles donnent à penser que ces
chiffres seront dépassés et qu'en tous cas il est prudent, pour
éviter tout aléa, de compter sur une dépense plus importante.

Les ingénieurs anglais parmi lesquels Sir Douglas Fox avaient
estimé la dépense pour la partie anglaise, c'est-à-dire pour la
moitié du tunnel, à 6 millions de livres, soit 150 millions; par
mesure de prudence ils avaient même arrondi à 6 millions et
demi de livres, soit 162 millions de francs.

Enfin, des entrepreneurs américains se faisaient fort, avec
les méthodes indiquées, d'exécuter le tunnel à forfait pour une
somme bien inférieure.

Les études qui ont été faites du côté français ont amené M. A.
Sartiaux à penser qu'il était pourtant prudent de tabler sur un
chiffre de 180 millions et, pour tenir compte des imprévus, des
intérêts pendant la construction, etc. de fixer le chiffre des
dépenses à 200 millions pour la partie française. Il semble en
effet que, pour éviter toute incertitude et tenir compte de
toutes les dépenses accessoires, il est sage de compter sur
une dépense totale de 400 millions de francs environ.

La distance entre gares étant de 61 km et le tunnel proprement dit ayant une longueur de 53 km, c'est une dépense de plus
de 7 millions par kilomètre du tunnel qui peut paraître élevée.

Il est difficile de rapprocher ce chiffre de dépenses de celles
qui ont été faites pour des souterrains exécutés dans des conditions très différentes, avant la guerre. Le grand souterrain de
4 km qui va de la place Valhubert à la gare du quai d'Orsay a
coûté moins cher puisqu'il n'est pas revenu à 4 ou 5 millions de
francs. Le Métropolitain souterrain de Paris varie de 1 500 000 à
2 millions de francs par kilomètre ; le viaduc métropolitain va
jusqu'à 4 millions ; les tunnels de Saint-Gothard, du Simplon, etc.
n'ont pas non plus atteint ce chiffre. Mais il faut reconnaître
que les travaux se présentent ici dans des conditions tout à fait
différentes et il faut tenir compte aussi de la plus-value après
la guerre.

Assurément, très probablement du moins, ainsi que le fait
remarquer M. A. Sartiaux, « on ne rencontrera pas dans le perce-
» ment du tunnel sous-marin les difficultés considérables, les dan-
» gers mêmes qu'on a rencontrés dans le percement de tunnels

» comme celui du Simplon : on n'aura pas à lutter contre une
» température très élevée qui rendait le travail des ouvriers très
» difficile et presque dangereux; on n'aura pas à subir les véri-
» tables trombes d'eau qui ont inondé les chantiers; on trouvera
» des terrains beaucoup plus homogènes, plus faciles à percer
» et plus réguliers, toutes conditions favorables à une exécution
» plus économique du tunnel.

» En revanche, on aura à creuser un tunnel d'une longueur
» beaucoup plus grande : on sera en présence de difficultés
» spéciales pour l'organisation de chantiers d'évacuation des
» déblais qui seront plus nombreux.

» En outre, si on trouve des terrains plus homogènes, plus im-
» perméables, plus faciles à percer, une température à peu près
» uniforme de 4 à 17 degrés au-dessus de zéro, en revanche, on
» n'aura pas à évacuer de chaque côté du milieu du détroit
» moins de 1 800 000 m³ qu'il faudra porter à une distance
» moyenne d'au moins 15 km et qu'ensuite il faudra élever du
» fond des puits à l'aide de chaînes à godets pour les trans-
» porter loin des chantiers.

» Enfin, les sondages divers et nombreux qu'il faudra faire
» pour reconnaitre le terrain et rester dans la couche imper-
» méable donneront lieu à des recherches et à des dépenses qui
» sont loin d'être négligeables. »

Il est donc probable que les dépenses, à moins d'événements
inattendus, s'inscriront dans cette marge de 400 millions de
francs à laquelle M. A. Sartiaux a pensé qu'il était prudent de
s'arrêter afin d'éviter des surprises plutôt désagréables.

f) Exploitation. — L'exploitation du chemin de fer sous-marin
sera des plus faciles étant donné qu'on aura recours à la traction électrique qui permet de distribuer, par les moyens les
plus simples, la force motrice tout le long du tunnel, partout
où l'on en a besoin, sans qu'il soit nécessaire de faire des installations fixes importantes telles que dépôts de charbon, alimen-
tation d'eau, etc., tout au plus, de distance en distance, quelques stations transformatrices peu encombrantes.

La disposition adoptée pour le profil du tunnel qui comporte
des quasi-paliers dans toute la partie centrale et seulement des
rampes accentuées à l'origine, de part et d'autre, près des usines
centrales de fourniture de courant, rendra particulièrement facile
et économique la distribution du courant de traction.

Comme il s'agit d'un long ruban de 61 km de longueur environ sans station intermédiaire, tous les trains pourront se suivre dans chaque sens, par groupes de même vitesse, à très faible intervalle, à la condition d'aménager en conséquence les sections de block-système, ce qui permettra un débit considérable.

Il n'est pas impossible, en effet, comme cela s'est pratiqué longtemps avant la guerre sur le réseau du Nord, de faire suivre des trains rapides sur des centaines de kilomètres à cinq minutes d'intervalle et même moins. D'autre part, l'expérience faite des transports militaires depuis près de deux ans a surabondamment démontré que l'on pouvait faire passer sans interruption, sur une même voie, des trains à lourde charge toutes les dix minutes, soit 144 trains par jour — mettons pratiquement 120 et même seulement 100 si nous voulons donner une marge assez grande pour l'entretien des installations de voie (il faut en effet compter quatre heures par jour pour cet entretien).

Comme il est très possible de faire des trains de marchandises de 1 500 t (soit 1 000 t de charge utile) sur un profil tel que celui qui est prévu, on pourrait compter sur un trafic de 100 000 t par jour à l'exportation et autant à l'importation, soit 3 millions de tonnes par mois et 30 à 40 millions de tonnes pour une année entière.

Ce chiffre est plutôt un maximum que le chemin de fer sous-marin n'a pas la prétention d'atteindre, mais qui caractérise bien sa puissance : M. A. Sartiaux pense qu'en pratique on ne dépassera pas la charge de 400 t à 500 t par train de marchandises et qu'il y aura tout au plus par jour 20 à 25 trains de voyageurs et une dizaine de trains de marchandises dans chaque sens, ce qui est loin de représenter une exploitation très intensive, mais sera néanmoins suffisant pour procurer un bénéfice approximatif de 35 millions de francs, soit environ de 7 à 10 0/0 du capital.

CONSIDÉRATIONS ÉCONOMIQUES.

A l'égard des transports que pourra assurer le tunnel, il n'est pas inutile de faire ressortir cette vérité économique qu'il ne suffit pas d'avoir un moyen de transport puissant pour que le trafic vienne immédiatement absorber toute la teneur de sa capacité : ce serait fou de songer un seul instant que, parce que le chemin de fer sous-marin serait en mesure de les transporter, une grande partie des charbons que le port de Cardiff envoie en France en temps de paix lui seraient acquis dans l'avenir, alors que le fret usuel pour un port quelconque du littoral français de la Manche et de la Mer du Nord ne dépasse guère 5 f. Le chemin de fer sous-marin ne pourrait déjà se contenter d'une taxe de transport aussi faible et les chemins de fer anglais, pour la traction par rails de Cardiff à Douvres sur plus de 300 km, demanderaient certainement beaucoup.

Ce n'est guère que dans les circonstances exceptionnelles de disette survenant pour certains produits de première nécessité, ou de guerre mondiale bouleversant de fond en comble tous les régimes établis que le surcroît de capacité du tunnel pourrait être utilisé temporairement pour des transports auxquels, autrement, il ne peut guère prétendre.

En définitive, presque tous les voyageurs actuels qui traversent le détroit, soit par suite des commodités offertes, soit par crainte du mal de mer — *ce mal dont personne ne meurt mais dont tout le monde subit les cruelles étreintes* — viendront au tunnel, tandis que les nouveaux venus suivront sans aucun doute la même voie. De là l'annihilation de ces entreprises maritimes affectées spécialement au service des voyageurs et de la grande vitesse qui perdent de l'argent et qui ne doivent leur existence qu'à de larges subventions des Compagnies de chemins de fer aux lignes desquelles elles aboutissent, si ces mêmes Compagnies ne sont pas souvent elles-mêmes amenées à assurer par leurs propres moyens ces transits maritimes coûteux.

Les marchandises qui, au gré de circonstances favorables, voire même exceptionnelles, prendront la voie du chemin de fer sous-marin et qui lui apporteront, comme il a été dit ci-dessus, des recettes appréciables, seront en majeure partie composées d'objets précieux ou pressés, de denrées périssables ou de produits manufacturés très fragiles. Admettons que l'ensemble représente 10 0/0 du tonnage actuel du trafic total qui existait avant la guerre entre les ports anglais et français, soit 1 500 000 t ? Ce serait, certes, pour les marines marchandes des deux pays, un creux bien infime eu égard au trafic mondial qu'elles assurent ; mais il ne faut même pas s'arrêter à ce résultat légèrement déficitaire, car alors ce serait mettre systématiquement hors de cause l'accroissement du trafic qui résultera forcément de l'extension même du mouvement des voyageurs entre l'Angleterre et le Continent.

Hélas aujourd'hui, comme le faisait remarquer M. A. Sartiaux dans une de ses conférences sur le tunnel sous-marin, il est aussi rare de rencontrer en Angleterre un voyageur de commerce français que de trouver en France un voyageur de commerce anglais, et qu'en résulte-t-il ? Tout simplement que l'échange de part et d'autre se réduit aux produits strictement indispensables.

Ainsi en 1911, sur 12 543 140 t de marchandises échangées entre la France et l'Angleterre, il y avait 10 151 717 t de combustible. Si l'on néglige la quantité pour ainsi dire minime de charbon français qui passe le détroit, on voit que les houilles anglaises représentent environ 90 0/0 du tonnage total du commerce franco-britannique.

La pauvreté relative de notre sous-sol nous oblige en effet à recourir au combustible anglais, de même que l'insuffisance de sa production agricole force la Grande-Bretagne à nous demander une grande partie des denrées alimentaires qu'elle consomme.

Mais, à côté de ces échanges, qu'entretient la force même des choses, entre deux pays qui sont à des latitudes très différentes autour du même méridien et qui, par suite, ne peuvent avoir ni les mêmes qualités de sol, ni les mêmes productions, ni le même climat, l'initiative individuelle pourrait en susciter beaucoup d'autres pour le plus grand bien des deux pays.

C'est un postulat indéniable que pour accroître les transactions commerciales il faut d'abord rendre plus fréquentes les entrevues entre hommes d'affaires.

Or, à l'heure actuelle, sur le continent et même en Angleterre, il en est, pourtant très actifs, qui reculent devant la perte de temps et les fatigues que leur inflige une double traversée : par suite de l'embarquement et du débarquement, il faut en effet, à l'aller comme au retour, se résigner à passer toute une nuit sans sommeil ou sacrifier une journée ou une demi-journée, alternatives ni l'une ni l'autre encourageantes.

On s'explique donc que beaucoup d'industriels et de commerçants n'entreprennent ce voyage qu'en de rares occasions et, à plus forte raison, que des touristes hésitent à se l'imposer pour leur seul agrément.

Le nombre relativement restreint des passagers qui affrontent la traversée est d'ailleurs là pour témoigner suffisamment de la gêne qu'elle occasionne et des appréhensions qu'elle cause.

En 1911, en effet, alors que 4 364 540 voyageurs sur un ensemble de 53 826 000 habitants circulaient dans les deux sens entre la France et la Belgique ou la Hollande et que l'on comptait, entre la France et l'Allemagne et *vice versâ*, 2 805 011 voyageurs pour une population totale de 100 242 000 habitants, on ne comptait pas plus de 1 662 000 passagers échangés entre l'Angleterre et les principaux ports de la Manche, de la Mer du Nord et de la Baltique. Or, si l'on additionne les populations des pays desservis par ces ports : France, Belgique, Hollande et Allemagne à celle de l'Angleterre, on arrive au chiffre de 157 644 000 âmes. Le rapport du nombre des voyageurs à l'effectif global des peuples considérés n'est donc que d'un peu plus de 1 0/0. Au contraire, la proportion est de 2 voyageurs pour 100 habitants entre la France et l'Allemagne et de 8 0/0 entre la France, la Belgique et la Hollande.

L'ouverture du tunnel apporterait à cette situation un radical changement.

A côté d'une nombreuse clientèle de touristes anglais et continentaux qui fréquenterait bientôt les trains directs entre Londres et les grandes capitales des pays alliés, les négociants pourraient, d'une rive à l'autre de la Manche, échanger des visites constantes et provoquer ainsi des transactions plus actives et un nouvel essor de la vie économique.

Qu'on médite l'expérience de ces dernières années où la Compagnie du Nord avait organisé de grands services rapides, de telle sorte que, de toutes les grandes villes du réseau et même de Gand, de Bruxelles ou de Liége, on pouvait venir passer l'après-midi à Paris et repartir le soir, à des heures qui respectent autant que possible les habitudes de la vie ordinaire.

Cette organisation a eu pour effet d'abord l'augmentation du mouvement des voyageurs (à qui sont ainsi épargnées des dépenses et de la fatigue) et, au bout d'un temps relativement court, une augmentation correspondante du trafic des marchandises.

Or, le tunnel rendrait aussi faciles les relations entre Londres et les grandes villes de l'Europe continentale : En mettant par exemple Paris et Londres à 5 heures et demie l'une de l'autre, la voie sous-marine ferait plus que de réduire de près de deux heures la durée du parcours le plus rapide : elle permettrait, et ce serait là le progrès essentiel, de partir de l'une des deux villes vers 7 ou 8 heures du matin et d'être de retour chez soi entre 11 heures et minuit.

Grâce à de semblables services, le mouvement des voyageurs entre les deux capitales serait doublé, triplé, peut-être décuplé au bout de quelques années et le courant des affaires entre les deux pays suivrait une progression parallèle.

Une preuve manifeste n'en est-elle pas donnée par l'éloquence des chiffres qui suivent et qui font nettement apparaître l'influence qu'exerce la facilité des communications sur le développement des rapports commerciaux ; fait inouï, en effet: de 1904 à 1911. le commerce général entre la France et l'Angleterre est passé de 2 219 000 000 f à 2 293 000 000 f, en progression de 30 0/0 seulement, soit une moyenne de 4,2 0/0 par an; tandis que pendant cette même période notre commerce avec l'Allemagne passait de 1 177 000 000 f à 2 035 000 000 f, en progression de 60 0/0, soit une moyenne de 8,5 0/0 par an.

De là on peut conclure que si la question du tunnel sous-marin a encore besoin de chauds partisans, du côté anglais surtout, pour hâter sa réalisation, c'est bien dans les milieux commerciaux navals qu'il faudra aller les chercher.

Mais l'horizon de la question ne s'est-il pas élargi singulièrement du fait de la conférence des Alliés qui vient de se réunir à Paris en séance plénière et qui va continuer son action sur le terrain économique, en vue d'arriver à une complète solidarité de vues et d'intérêts et à se mettre d'accord sur les mesures propres à les réaliser.

La résolution de cette conférence en ce qui concerne les transports est à citer textuellement :

« Afin de leur permettre d'écouler rapidement leurs produits,
» les Alliés s'engagent à prendre les mesures destinées à faciliter
» leurs échanges, tant par l'établissement de services directs,
» rapides et à tarifs réduits de transports terrestres et mari-
» times, que par le développement et l'amélioration des com-
» munications postales ou autres. »

Le tunnel sous-marin serait assurément une mesure destinée à provoquer ces échanges et, s'il en prend naturellement sa part légitime, il en laissera à coup sûr la plus grande partie à la marine marchande qui n'a pas encore dit son dernier mot quant aux perfectionnements et à l'abondance de moyens propres à effectuer ces transports nouveaux.

Et cependant, la Société française dûment constituée, en possession d'une concession ferme, ayant son projet arrêté depuis longtemps et pouvant immédiatement réaliser l'argent nécessaire, reste dans l'inaction sereine que lui impose l'expectative anglaise.

QUESTION MILITAIRE.

Il est vrai qu'il y a toujours à envisager l'objection militaire du côté anglais ; mais elle doit avoir perdu de son importance au moment où Français et Anglais combattent dans les mêmes rangs et songent déjà à l'unité de vues pour tirer le meilleur parti du fruit de leurs victoires.

Et pour envisager le pire et l'invraisemblable, si une atteinte du fait de la France pouvait être portée à la quiétude, dans son « splendide isolement », de notre amie et alliée, ce ne serait évidemment pas par ce petit orifice de quelques mètres carrés, sans cesse surveillé attendu qu'on ne peut supposer un instant l'absence d'Anglais en France, à la bouche du tunnel, pour les besoins courants de l'exploitation, si même l'ouvrage avec ses deux gares d'accès ne constituait pas, en principe, du moins en fait, un vaste milieu franco-anglais d'échange international, quelque chose d'analogue aux gares franco-italiennes de Modane (en France) et de Vintimille (en Italie) pour le transit au travers des Alpes.

Les audacieux en passe de tenter l'aventure auraient certainement plus de chances de succès par l'immensité des mers et le développement des côtes pour trouver le point vulnérable capable de favoriser leurs desseins.

Mais disent les Anglais, la France, un jour, peut être le théâtre d'une nouvelle guerre ; et des ennemis avisés et entreprenants, battus par ailleurs, pourraient peut-être obtenir un succès local en réalisant un de leurs objectifs principaux : la prise de Calais pour envahir l'Angleterre. Il faut bien admettre que même dans des conditions extraordinairement favorables, cela n'aurait pu se faire en un jour. On aurait eu tout le temps de porter à son maximum le caractère défensif du camp retranché qui entoure la bouche du tunnel et ceinturé du côté de la mer par les hautes falaises qui sont sous le feu des canons de la marine anglaise ; du côté de la terre, d'une part par les hautes collines de l'Artois dont l'altitude varie de 100 à 200 et d'autre part par la ligne du chemin de fer de Boulogne à Calais, qui comporte presque sur tout son parcours des remblais et des déblais d'une hauteur atteignant 10 à 15 m, pouvant être utilisés comme fortifications de campagne. Les Allemands, en 1915, auraient rencontré là une barrière au moins aussi infranchissable que celle qu'ils ont trouvée sur l'Yser.

Au contraire, au moment d'un encerclement fermant toute issue du côté français, le tunnel donnerait la possibilité de tirer d'Angleterre, d'une manière régulière et avec une rapidité inouïe, tous les renforts nécessaires et leurs ravitaillements au fur et à mesure des besoins de la défense et de l'élargissement de la zone d'action, c'est-à-dire que le tunnel lui-même interviendrait comme le principal facteur de sa propre défense.

Allons jusqu'au bout : en admettant que finalement l'ennemi arrive à réduire la défense du camp retranché et se rendre maître de la bouche du tunnel, que pourrait-il trouver ? des ruines, un tunnel embouteillé, une usine électrique détruite : et en admettant que tout cela soit réparable rapidement, il lui faudrait faire emploi des machines locomotives à vapeur qui vicieraient l'air du tunnel sans même que les défenseurs aient besoin de faire usage de gaz asphyxiants.

En tout cas, il faut voir de près ce qui se passerait à la bouche anglaise si, par impossible, un premier train surmontant tant de difficultés arrivait à atteindre l'île : vivement canonné, l'enchevêtrement des débris formerait bouchon et la tête du tunnel écrasée mûrerait ce tombeau infernal que serait alors le tunnel.

Quant à l'inondation de l'ouvrage comme dernier moyen de défense, son efficacité serait telle qu'il est inutile d'insister.

Chimère ! la légende qui a parcouru un moment l'Angleterre de la bouche du tunnel semblable au cratère d'un volcan en activité, lançant sans arrêt des torrents d'hommes, des chevaux, des canons, se dirigeant vers Londres.

Aussi bien si la mer constitue toujours une défense sérieuse pour l'Angleterre, ce n'est pas en se cantonnant dans l'inviolabilité, pourtant de moins en moins certaine avec le temps, de sa « ceinture d'argent » que la métropole pourra faire valoir plus tard ses droits méconnus, répondre à des défis ou se venger d'injures reçues : il lui faudra malgré tout passer sur le Continent pour vider ses querelles, car dans l'avenir la véritable frontière militaire pour l'Angleterre sera la ligne de la Meuse, même celle du Rhin, si elle envisage toujours la possibilité de l'intervention efficace et rapide, à côté des nôtres, de ses armées qui pourront toujours naître instantanément d'une puissance militaire maintenant sérieusement établie et qu'elle ne saurait réduire sans compromettre les fruits de ses sacrifices.

Et alors, quoi de plus tentant qu'un instrument comme le tunnel qui permet d'apporter sans délai sur le territoire ami, avec armes et bagages et les multiples compléments nécessaires, toutes les troupes de défense attendues plus loin pour décider du sort de la bataille ; tandis que si nous pouvons supposer un jour pour l'Angleterre l'inimitié à l'autre bouche du tunnel, il n'y aurait qu'un geste à faire pour réduire à néant cette communication souterraine et en revenir simplement à l'état de choses *ante*.

Finalement les Anglais se décideront-ils ?

C'est surtout maintenant qu'il leur faut envisager sérieusement l'attention qu'a toujours apportée l'Allemagne à la question du tunnel et la tenace opposition qu'elle n'a jamais perdu l'occasion de manifester.

Sûrement ils ne s'inclineront jamais devant le veto allemand, mais ils ont encore à réagir sérieusement depuis l'époque où le Gouvernement lui-même s'est trouvé désarmé en présence du memorandum de Lord Wolseley contre le tunnel qui a, pour un moment, retourné complètement l'opinion anglaise.

N'est-ce pas aux environs de l'année 1882 que Frédéric-Charles, celui même qui avait commandé une armée allemande en 1870, visitant la galerie anglaise d'essai du tunnel avec le prince de Galles qui fut plus tard le roi Édouard VII dit à ce dernier : « C'est une chose qui ne se fera pas. » — « Et pourquoi ? » — « Parce que l'Allemagne ne le permettra jamais. »

Le fait que, malgré les difficultés auxquelles les empires centraux sont aux prises, la presse d'Outre-Rhin n'oublie pas le tunnel et en parle encore avec la naïveté d'indiquer tantôt aux Anglais, tantôt aux Français, ce qu'ils ont à faire, bien entendu, pour que l'entreprise, finalement, n'ait pas lieu, est bien de nature à les faire réfléchir. Ah c'est bien là pour les Allemands un véritable cauchemar ! et à vrai dire, ils tendent surtout à démontrer à nous, Français, que le tunnel est plutôt une menace en raison de la nouvelle organisation militaire anglaise.

Cette fois ils perdent bien leur temps, car de ce côté du détroit nous sommes bien tranquilles à cet égard-là.

N'y a-t-il pas eu jusqu'au vieux maréchal de Moltke qui s'est lui aussi occupé de la question et qui disait : « qu'il faudrait

» empêcher de faire le tunnel, lequel ne pourrait servir à atta-
» quer l'Angleterre, mais serait si funeste à l'Allemagne en cas
» de conflit. »

Hélas, le conflit s'est produit tandis que le tunnel n'était pas
là pour aider les Alliés.

Quels services immenses n'aurait-il pas rendus depuis l'ouverture des hostilités, pour le transport, le ravitaillement des forces
britanniques et l'évacuation de leurs blessés comme je le disais
en commençant.

Les 100 à 150 itinéraires tracés par chaque 24 heures pour
autant de trains militaires dans chaque sens auraient permis un
débit bien supérieur aux besoins.

Beaucoup de retards, de risques, de pertes et de difficultés de
toute nature eussent donc été évités et la flotte anglaise, libé-
rée d'une lourde partie de sa tâche aurait pu, plus efficacement
encore, concourir au commun effort sur d'autres points.

Au reste, la question militaire a-t-elle été la véritable préoc-
cupation dominante de l'opinion anglaise lorsqu'elle s'est prononcée contre l'entreprise du tunnel?

Tout le monde a pu comprendre, en effet, qu'embouteiller un
long boyau entièrement sous l'eau, dès les premiers indices
suspects était chose des plus faciles, ayant le choix entre mille
moyens.

L'objection de certains milieux anglais n'a-t-elle pas eu plutôt
sa source dans des préjugés assurément respectables mais qui
ne résisteraient pas à l'examen, si ceux qui en sont imbus les
soumettaient au raisonnement clairvoyant qu'ils savent faire
quand ils envisagent les questions sous leur côté positif et non
sous leur aspect sentimental?

L'opposition venue du côté le plus inattendu s'est même ma-
nifestée au grand jour : c'est une partie des classes aristocra-
tiques, lettrés et savants de la Grande-Bretagne, qui s'est avisée
tout à coup que l'Angleterre cesserait d'être une île si l'on pouvait y aboutir, même par un trou de tout petit diamètre.

Comme l'a fait observer M. Leroy-Beaulieu en 1883 « ce sont
» des lettrés, des philosophes, qui se sont trouvés mal à cette
» pensée que l'Angleterre cesserait d'être isolée, si, en temps de
» paix, on pouvait y débarquer sans avoir passé par l'épreuve
» pénible du mal de mer. Il leur a semblé que, devant ce chan-
» gement, toutes leurs traditions, toutes leurs mœurs antiques,

» leur esprit insulaire, leur originalité, leurs libertés mêmes,
» allaient disparaître, et le parti militaire n'a fait que suivre le
» parti des philosophes. »

Maintenant que les deux pays sont d'accord sur tant de points qui auraient pu les diviser autrefois, tout cela ne va-t-il pas changer ?

Et enfin, la voix de Richard Cobden, l'apôtre du libre échange en Angleterre, sera-t-elle entendue : « Si le tunnel sous-marin est possible, il faut le faire ».

Nous n'avons qu'à attendre que l'opinion anglaise se soit suffisamment mûrie à la lumière des faits palpables qui se déroulent actuellement et qui sont de nature à l'influencer beaucoup plus que les plus savants calculs et les plus belles théories.

Ne nous attardons même pas à chercher les signes précurseurs du déclenchement du côté de l'Angleterre, car point il n'y en aura.

N'oublions pas le mot d'Emerson : « Chaque Anglais est une île. »

La décision viendra comme l'éclair.

Mais retenons bien qu'alors, rien ne pourra plus arrêter l'élan qui sera donné à cette magistrale entreprise poursuivie avec l'inlassable persévérance qui est le propre du caractère de nos amis d'outre-Manche. Et ainsi, lorsqu'aux premières années de la paix, les peuples rivaliseront d'énergie et d'audace pour élargir le champ de leur activité, la France et l'Angleterre, soudées l'une à l'autre par le tunnel, unies par une étroite communauté d'intérêts avec leurs Alliés, représenteront l'une des plus grandes forces de l'ère nouvelle, véritable bienfait pour le triomphe, dans le monde, des grandes idées de justice, de loyauté et de solidarité.

IMPRIMERIE CHAIX, RUE BERGÈRE, 20, PARIS. — 6259-3-17. — (Encre Lorilleux).

PROJETS DE M. THOMÉ DE GAMOND

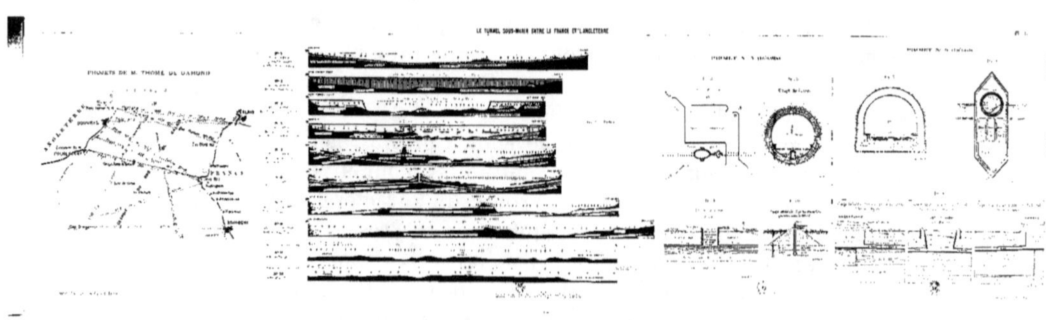

www.ingramcontent.com/pod-product-compliance
Lightning Source LLC
LaVergne TN
LVHW011354170726
843501LV00006B/1824